只要父母秉持
"不厌其烦"的说话方式，
孩子就会用"耀眼的成长"来报答。

孩子的不凡，来自父母的不厌其烦

[韩]崔灿勋 著

张惠娟 译

民主与建设出版社
·北京·

© 民主与建设出版社，2024

图书在版编目（CIP）数据

孩子的不凡，来自父母的不厌其烦 /（韩）崔灿勋著；
张惠娟译 . -- 北京：民主与建设出版社，2024.6.
ISBN 978-7-5139-4657-5

Ⅰ. G78

中国国家版本馆 CIP 数据核字第 20247G4Q96 号

엄마의 한마디
Copyright © 2016 by Chanhun Choy
All rights reserved.
First published in Korean by Sam & Parkers Co., Ltd.
Simplified Chinese Translation rights arranged by Sam & Parkers Co., Ltd.
through May Agency
Simplified Chinese Translation Copyright © 2024 by Beijing ZITO Books Co., Ltd.
本书封面设计由橙实文化授权使用
著作权合同登记号：01-2023-3631

孩子的不凡，来自父母的不厌其烦
HAIZI DE BUFAN LAIZI FUMU DE BUYAN-QIFAN

著　　者	［韩］崔灿勋
译　　者	张惠娟
责任编辑	郎培培
装帧设计	紫图图书ZITO®
出版发行	民主与建设出版社有限责任公司
电　　话	（010）59417749　59419778
社　　址	北京市海淀区西三环中路 10 号望海楼 E 座 7 层
邮　　编	100142
印　　刷	艺堂印刷（天津）有限公司
版　　次	2024 年 6 月第 1 版
印　　次	2024 年 7 月第 1 次印刷
开　　本	880 毫米 ×1230 毫米　1/32
印　　张	5.25
字　　数	85 千字
书　　号	ISBN 978-7-5139-4657-5
定　　价	55.00 元

注：如有印、装质量问题，请与出版社联系。

前言

会说话的父母，
养出的孩子更优秀

很多即将面临考试的孩子问："怎么学习才能考出优异的成绩呢？"

你如何回答呢？大多数父母这样回答："认真学习，尽全力准备考试就行。"

那么，"认真学习，尽全力准备考试"，该怎样具体实践呢？可能很多父母都回答："事先制订计划，减少游戏时间，反复阅读教科书与参考书，并且大量做练习题。"我遇见过一位担心语文、数学、社会、科学考试的学生，他想要取得好成绩，因此向父母询问学习方法，父母就是上面那样回答他的，你觉得他会怎么理解父母的回答呢？

如父母所说那样，在具体实践中，"认真学习"这种回答对孩子根本没有任何帮助。如果让孩子事先制订计划，那么为了准备这四门考试要花费几天时间？一天要用多少时间学习？如何分配这四门功课的学习时间？这些问题令孩子感到不知所措。

因此父母让他去学习，他只会翻一翻教科书与参考书，漫不经心地阅读，然后又做几道题目，便觉得自己看完书了，最终合上书本。看到他这样，父母感到很焦虑，于是介入他的学习，替他制订计划，然后在旁边观察他的学习情况，做完练习题后给他打分数，为他讲解做错的题目。若孩子总是采用这种方式准备考试，制订计划和观察孩子的学习情况便成了父母的工作，孩子还会认为，自己只要看参考书和做练习题即可。

让孩子自主学习、思考的"魔法语言"

我想父母们都不希望看到这样的结果，忙碌地帮孩子制订学习计划是行不通的，必须让孩子发自内心地想要学习。"认真学习，尽全力准备考试就行"这句话，既能赋予孩子自信，又能让他们更易达成目标。

父母要让孩子懂得如何面对考试,知道考试需要哪种策略、方法或资料,并且为了实现目标,明白何时、怎么使用哪种方法。

赵善美博士在《培养内心强大的孩子》一书中提到,自主寻求达成目标的方法,擅于实践的孩子,会听从父母或老师的话,调整自己的行为,还会正确地评价自己的成果,同时能够预期自己的行为会给周围的人和事物带来哪些影响。

所以,父母对孩子说的每一句话都至关重要,我努力地想通过这本书传达给所有父母,"不厌其烦的说话方式,将改变孩子的人生"。父母不仅要教导孩子看参考书、做练习题,而且要培养孩子自行解决问题的能力。

本书第 1 章:汇总了父母们代表性的教养烦恼,以及解决方法。当感觉邻居的小孩在认真学习,好像只有自己家的孩子在玩游戏、认为孩子没有学习头脑时;当听到老师指责"您的孩子落后班上同学很多"时,父母很容易陷入焦虑不安中,一不小心脱口而出的话语就会伤害孩子,或是打击他学习的积极性。在这本书里,我会帮助您尽量避免这类事情的发生。

本书第 2 章:正式进入问题诊断的环节,并且说明高情商父母应该怎么说话,才能让孩子学会自主学习,同时你会明白，这些常说的话语——"去学习！""你不学习想要干吗？""按照我说的去做！""这是为了你的将来好。"都会降低孩子学习的意志力，千万不要对孩子说这些话。在本章，我会告诉父母们，一定要掌握的共情式交流方法、维护孩子自尊心的对话方法等。

本书第3章：根据孩子经常变化的性格、未来愿望、特性，介绍与孩子的学习问题相对应的解决方法，例如，孩子不专心、沉迷于游戏、想要成为明星而不爱学习、不喜欢学习英语或数学等特定科目……在这些不同的案例中，我会教父母们如何有效地解决问题，培养品行兼优的孩子。

本书第4章：进入引导实战阶段，介绍父母如何唤醒孩子的内驱力。对于敏感的青春期孩子来说，他们有时听不进去父母的话，同样一句话，若是父母说的，就会感到厌烦。这时，请您使用我传授的"魔法语言"，这样就能让孩子自主地学习。

本书第5章：叙述了可直接运用到考试中的学习技巧，即使是已经养成自主学习习惯的孩子，如果在考试中没取得理想成绩，也会感到挫败，然后对学习失去兴趣。为了预防这种事情发生，我会分享在考场上提高解题能力的"福尔摩斯式解题法"。

父母正确的说话方式，
成就孩子不凡的人生

孩子会完全吸收父母说的话，然后建构自己的世界观和价值观。然而，孩子尚未拥有充足的经验来判断大人说的话，因此，父母对孩子说话，要比对其他人说话更谨慎，并且要学会如何适时地说出适当的话，要时刻谨记"我说的话，会改变孩子的人生"。

从现在开始，和孩子说话时，请多花一点儿心思吧！若此刻孩子的认知只偏差了一点儿，那么从现在开始选择正确的说话方式，就能将孩子引向正确的方向。我相信，数年后，你便会看到难以置信的惊人效果。

我写作本书的目的，是让读者获得上述结果，并且解决父母的烦恼。每天只要三分钟，就能让孩子快乐学习。父母说对话，将激发孩子的学习热情。运用本书的说话技巧，将出现改变孩子与父母人生的重要时刻，我会陪在你们身旁，谢谢大家！

目录

父母咨询室

第1章 孩子的不凡，来自父母的不厌其烦

| 烦恼1 | 我想提高孩子的学习能力，是不是来不及了？ | 02 |

| 烦恼2 | 学霸的学习型头脑，是天生的吗？ | 07 |

| 烦恼3 | 父母如何说，更能赋予孩子学习的动机？ | 13 |

| 烦恼4 | 如何准确评估孩子的能力，因材施教？ | 24 |

第2章　疑难诊断室
高情商父母，会这样和孩子说话

诊断1　"共情式"交流，
　　　　让亲子沟通更顺畅　　　　32

诊断2　高情商的父母，
　　　　都是善于沟通的高手　　　38

诊断3　打击孩子自尊心的话
　　　　与维护孩子自尊心的话　　46

诊断4　孩子不会为了假设性的话
　　　　而付诸行动　　　　　　　53

对话实战篇

第3章 击破教养痛点，培养品行兼优的孩子

问题1 当孩子不专心时，意志消沉时，你该怎么说？ 60

问题2 沉迷于游戏的孩子，如何找到学习动力？ 66

问题3 孩子有自己的兴趣和目标，如何树立学习价值观？ 74

问题4 孩子厌倦学习，如何帮助他重拾信心？ 81

问题5 灌输式被动学习，孩子会更优秀吗？ 88

引导实战篇

第4章 唤醒内驱力，让孩子爱上学习

解决1 与其强迫孩子学习，
不如帮助孩子养成学习习惯　100

解决2 让孩子沉浸于学习的
7句"魔法语言"　105

解决3 增强孩子的自尊心，
让孩子充满自信　109

解决4 多称赞孩子的学习过程，
而不是结果　113

考试实战篇

第5章 培养孩子的应试技巧，成就不凡的人生

- **对策1** 根据孩子的本能，调整教育方法 …… 118
- **对策2** 了解孩子厌学的心理原因及对策 …… 125
- **对策3** 学习的尽头是解题，可现学现用的解题法 …… 131
- **对策4** 快速找到正确答案，排除错误答案 …… 137
- **后记** 父母不厌其烦的教导，成就孩子的不凡人生 …… 141

第 1 章

父母咨询室

孩子的不凡，来自父母的不厌其烦

　　隔壁的孩子学习很用功，好像只有我们家的孩子贪玩，我觉得我的孩子没有学习的头脑。当我听到老师指责"您的孩子落后班上同学很多"时，我就会陷入焦虑之中，而处于这种焦虑的情绪中，我在不经意间说的话，就会伤害孩子的心。

　　在本书的第1章，我们收集了父母们典型的烦恼，并且介绍了有效的解决方法。

我想提高孩子的学习能力，是不是来不及了？

父母的焦虑不利于孩子的成长

孩子不爱学习，是令很多父母烦恼不已的问题，似乎不管父母对孩子说什么，都无济于事，这让父母感觉很郁闷，心里不时冒出一股无名火，到底应该怎么说话？为什么不能让孩子自主学习呢？

如果某件事进展不顺利，可能是因为缺乏相关领域的知识、有错误的刻板观念，特别是在教育方面，总是因为刻板观念而引起巨大的结果差异，那在正式探讨关于学习对话的方法之前，首先让我们来打破对学习与教育的错误的固定观念。

即使孩子的年龄小,也要养成学习习惯吗?

大多数父母都坚信一句话,那就是"孩子的成绩在很小的时候就决定了"。

我曾听说,一位妈妈为自己11岁的孩子学习太差而苦恼,有这种苦恼的人不仅是这位妈妈,我见过的大多数妈妈都有这样的苦恼。

"孩子不知不觉11岁了,现在还能纠正他的学习习惯吗?会不会大脑已经成型了?我有必要强制让他静下心来学习吗?"

孩子不是21岁,他才11岁而已,然而,仍然有很多人认为已经晚了,不能纠正孩子的学习习惯了。因为受早期教育风潮的影响,所以毫无根据地对年幼的孩子说"已经太晚了",这样的说法听起来有一些道理。

但也有一些教育专家认为,这就是"谣言"。有些人不是在21岁,而是在61岁开始学习,他们也能取得学位。因此,如果你认为不能纠正11岁孩子的学习习惯,这显然是不合理的,但大家仍然不停地点头表示认同,从教育专家的角度来看,不禁觉得非常遗憾。

不久前,我在节目中看到一位90多岁却对历史很着迷的奶奶,自从她行动不便后,就在家大量阅读书籍,对全世界的历史了如指掌。她的确很厉害，我仍然记得她这句值得铭记的话，"我现在90多岁，要是重返60岁，一定能当博士"。

如果我们在这样的人面前说"孩子11岁了，太晚了"，一定会被她反驳吧。这就是为什么"小学高年级再培养学习习惯已经晚了"这句话从常识上来说是不合理的，现在你能理解吧？

11岁的孩子之所以无法改变自己的学习习惯，并不是他年龄已经大了，无法教导了，而是因为父母从来没有采用科学的对话来提高孩子学习的积极性，父母应该意识到自己没有说对话。如果父母每天只会唉声叹气，无论对孩子还是对自己来说都没有好处。

有很多人支持"学习头脑论"，以及小学入学前决定孩子学习成绩的"早期决定论"。在目前韩国的教育文化中，支持"学习头脑论""早期决定论"的人是主流，其比率非常高，这真是让人非常遗憾！

"唉，那个孩子听一次就能听懂，但我的孩子好像怎么都听不懂。"

"让孩子自己看着办，我拼命催促他也不愿意听……哎呀，我太生气了，他到底像谁，学习那么差啊！"

甚至有很多教育工作者，也在孩子的背后说这些话，这就是现实社会。提倡"学习头脑论"或"早期决定论"的教育观念，从根本上说是不负责任的观念。

"反正学习型头脑是天生具备的""已经到了这年纪，没办法改变了"，如果父母相信类似的决定论，你的责任就会如释重负般地减轻很多，但是这种逃避责任的态度对孩子的学习毫无帮助。

无论年纪多大，都能实现"学习逆转"

我们不能轻易忘记90岁奶奶说的"要是重返60岁……"这句话，不管到了什么年纪，都能使成绩逆转，就算看起来晚了一步，也要先抛开"反正现在办不到了"这种想法。虽然不是我们认为会赢，就一定能赢，但如果认为会输，那就一定会输。

"世上没有一定能办到的事，也没有一定办不到的事！"请牢记这句话，特别是当你让孩子学习的时候，这句话一定能派上用场。在教育孩子这方面，最重要的就是培养不轻易放弃的孩子，若父母自己说"这孩子已经来不及了"，于是放弃他，这是不合理的做法。即使孩子的学习进展看似慢了一点儿,他也会慢慢地跟上其他人,父母绝对不能放开孩子的手。只要父母秉持"不厌其烦"的说话方式,读懂孩子的需求,用正确的语言引导孩子,孩子就会用"耀眼的成长"来报答。

Point!

对于孩子学习的年龄,没有所谓的早晚之分,好好掌握"父母不厌其烦的对话方法",让灰心丧气的孩子恢复对学习的自信吧!

学霸的学习型头脑，
是天生的吗?

父母的言行举止，影响孩子的学习态度

有时，爸爸会对让孩子学习的妈妈说："你自己都学习不好，为什么还责备孩子？"

如果你的丈夫这样说，千万不要忽视，虽然这句话乍看是"从高期待中解脱"，看似是合理的指责，但其实它的真正含义是："既然你自己都学习不好，那就不要期望孩子能好好学习。"这太荒谬了！

如果父母学习不好，就让孩子放弃学习，这不仅不合理，而且无视孩子发展变化的可能性，最终将走向"遗传

基因决定学习"这种错误认知。

对孩子来说，妈妈是他一出生最先见到的人，也是对他影响至深的人，这样的关系对所有孩子的成长过程都会产生巨大的影响。在妈妈说话不耐烦时，或是爸爸在孩子面前斥责妈妈时，孩子只能看大人的眼色，在这种氛围下，孩子能集中精力学习吗？他们会有学习的心情吗？当然不会，孩子会自然而然地对学习产生负面情绪，并且逐渐失去兴趣，进而形成恶性循环。

学习会受到天生的头脑影响吗？

天生的头脑对学习有多大的影响呢？从结论上来说，人的能力（智力、本性、态度、行动力），这些都具有可变性，所以不管遗传基因如何，它们只是影响学习成绩的因素之一。尽管如此，遗传似乎看起来是相当重要的因素，这是因为推崇学习型头脑论、血统论的往往是这种观念的受益者。

一些权贵阶层能够为财富与权力的代代相传找到理由，而一些观念错误的教育者主张把教育失败的责任归咎于孩子和父母。正因为如此，我们有必要仔细观察"学习型头脑"的本质。

请你想象一下这种情形吧！某个孩子的家人都毕业于哈佛大学，如果把这个孩子和没有人上过大学家庭的孩子交换，那么20年后，这两个孩子的未来会变成什么样呢？如果成长在跟毫不关心学习的家庭里，即使是天生的学习型头脑，且基因对孩子有极大的影响，那么全家人都是哈佛毕业生的孩子，将来真的会考上哈佛大学之类的名校吗？事实上绝对不可能，即使我们不做实验，也足以判断出来。

既然如此，我们就不能被这种缺乏根据的说法所影响，唯有父母意志坚定，才不会受世间"谣言"影响。另外，上文中的妈妈也要果断地反驳丈夫不合理的语言，比如："学习并不会受到天生的头脑影响，你只要耐心说话，说不定孩子就会变得聪明百倍。"

过度放任，会摧毁孩子学习的积极性

当然，有些案例证明了遗传基因或幼儿时期的环境会对孩子的成绩有所影响。实际上，那位毕业于首尔大学的妈妈把她的三个儿子都送进首尔大学，像这样非常有名的案例，不管是哪位妈妈听了，都一定会被"学习头脑论"所迷惑。

但是，这位妈妈曾说过，"我只是放任孩子们而已"。实际上，从某种角度来看，放任孩子是令人畏惧的一件事。

如果采用了某种特殊的教育方法，比如，对孩子说"你只要尽力就好，不要压力太大了"，就会让孩子产生"我要努力学习"的希望，但"我只是放任孩子们而已"，这句话只会让人感觉到遗传基因和环境的压力，不过我们没必要感到失望。

这位毕业于首尔大学的妈妈说："我放任孩子们，是他们自己努力考上首尔大学的。"这句话具有很大的误导性，因为放任事实上也分为很多种，还有我们不应该太听信学习好的孩子和他妈妈的话，因为妈妈都想让自己的孩子看上去是最优秀、最卓越的人才。

"因为我责备孩子，他才能进入首尔大学。"

您见过这样说话的妈妈吗？我从没见过。

"即使我没强迫孩子去学习，他也会自觉地认真学习！"

"我从没有勉强他去学习，都是他自己想要学习的！"

因为只有这样说，才能更加凸显自己的孩子是优秀的人才。但是听到这些话之后，我会回应："妈妈没强迫你学习，你还是那么用功读书，你真是个好孩子。"

这是典型的错误的说话模式，千万不要被这些话所蒙骗。

强制要求有多种模式，放任也有多种模式，还有混合这两种模式的教育方式，这些教育方式实际上都会给孩子施加巨大的压力。

用潜移默化的教育方式，帮助孩子成才

我举个非常简单的例子，三兄弟都考上首尔大学，他们的妈妈可能从来没有强迫他们学习，不过即使没人强迫孩子们学习，他们就不会感受到学习的压力吗？

假设大儿子考上首尔大学，就算妈妈是毫无野心的人，她又何尝不是以骄傲和欣慰的眼光看待她的大儿子呢？妈妈肯定会这样做，而二儿子、小儿子看到妈妈看待哥哥的样子，他们会有什么感受呢？

假设二儿子考进首尔大学，那么小儿子能感受不到学习的压力吗？当然不可能，即使没人叫他去学习。就这点来看，我们不能忽略一个事实，大多数人都会因为他人的成就而感到无形的压力，完全不受他人影响的人，并不存在于这个世界上。

"我完全不强求孩子做任何事，但他自己非常努力。"这句话字面上的意思是"没有管教孩子"，但当别人听到这

句话的时候，会感到难以理解。教育是什么？如何激发孩子的动力？对于不会深思熟虑的父母来说，他们教育孩子的方法常常是无效的，他们不是对孩子放任不管，只是不会管教。

放任不管有时可能是一种极大的强迫或压迫，但父母强迫让孩子做事，其实是另一种放任而已。请你不要因为表面的结果或是被修饰过的话而感到困惑，无论你的孩子是否优秀，都要耐心地和孩子沟通，多鼓励、肯定孩子的行为。

被称为"日本教育之神"的村上良一说过，"努力教育孩子成为会学习的孩子，这是非常正确的教育方法"。父母要使用正确的方法，就要先培养孩子的自尊心，今天你对孩子所说的每一句话，可能就是起点。希望这本书在伴随各位父母的同时，能够使父母与孩子建立起信赖的关系，并且帮助父母掌握激发孩子学习动力的对话方法，助力孩子成才。

Point!

孩子的成绩并不单取决于聪明的头脑，信任孩子、不斥责孩子，有时仅凭父母的一句话，就能让孩子自发地坐到书桌前学习。

父母如何说，
更能赋予孩子学习的动机？

回想孩子刚出生的那一刻带给你的感动

你还记得孩子刚出生那一刻的感动吗？妈妈经历痛苦的分娩过程，感受到孩子的诞生；爸爸则在看到孩子的那一刻，就说着"我们的孩子出生了"。你们激动地感受到孩子的存在。

对幼小的孩子而言，他们需要父母绝对的保护，父母也会自然而然地对孩子倾注关爱，并且用温和的话语表达他们的爱护。但在某个瞬间，孩子跟父母的关系开始出现裂痕，当孩子开始要学习时，父母皱着眉头说："好好学习！"裂痕就是从父母说这句话时开始出现的。

与其督促孩子"好好学习"，
不如赋予孩子学习的动机

当我们成为父母后，站在父母的角度来看，认为学习是最容易获得成功的途径，因此父母总会在不经意间强迫孩子学习。在社会生活中，在经历了各种事情之后，父母便会觉得在这个社会上，学习好，至少不会被他人无视，至少能够生存下来。

然而，对孩子来说，他们不懂父母的良苦用心，只听到无止境的唠叨，这是多么遗憾的事情啊！

"不要再看手机了。"

"别老跟朋友出去玩。"

"不要再玩游戏了，快去睡觉！"

这些话在孩子听来只是一味的唠叨，反复地说"不要这样，不要那样"的父母，只会成为孩子第一个想回避的对象。盲目地对孩子说"去学习"，是不恰当的教育方式。与其督促孩子，不如赋予孩子学习的动机，这才是更重要的事。父母赋予孩子学习的动机后，孩子便能自己找到学习的理由，还会乖乖地坐在书桌前。但是在找到适当的激励方法前，父母有必要先确认与孩子之间的矛盾程度，这样才能正确地认识到问题的严重性，并且以积极的态度解决问题。

父母与孩子之间的矛盾诊断测验

按照你平时的想法,在1、2、3、4、5下打钩,然后再将各题的分数相加。

	←不是这样　　总是这样→				
1. 我觉得很孤单,没有朋友。	1	2	3	4	5
2. 我认为在孩子眼中自己是个差劲的父母。	1	2	3	4	5
3. 孩子经常惹我生气。	1	2	3	4	5
4. 孩子讨厌我,并且想逃离我。	1	2	3	4	5
5. 孩子看到我时的笑容,比我期待的要少。	1	2	3	4	5
6. 虽然我想亲近、温柔地对待孩子,但实际上做不到,我很痛苦。	1	2	3	4	5
7. 无论我为孩子做了什么,孩子似乎都不会感谢我。	1	2	3	4	5
8. 培养孩子规律性的就寝习惯和饮食习惯,我感到很辛苦。	1	2	3	4	5
9. 孩子早上不起床,起床后还有情绪。	1	2	3	4	5

结果

- **21分以下:** 与孩子完全没有矛盾。
- **22～31分:** 与孩子有些矛盾。
- **32分以上:** 与孩子的矛盾非常严重,需要专业人士的帮助。

此项测验是由三星首尔医院社会精神健康研究所的申政根教授提出的，是诊断父母与孩子之间矛盾程度的问卷调查。在上述各题中，选项"总是这样"为5分，"一般"是3分，"不是这样"是1分，如果你难以明确，可以选择2分跟4分这两个中间选项，这份测验由父母来作答。

好，完成测验了吗？结果是什么呢？如果你想消除跟孩子之间的矛盾冲突，并且让孩子有所改变的话，有必要和孩子进行一场深入的交谈，以便唤起孩子"想学习的心"。为什么要学习？孩子的想法是什么？你有必要通过这样自然的对话，让孩子理解学习的目的。

跟孩子建立信任的4条"沟通法则"

我们应该如何跟孩子沟通？孩子因为想听父母温暖的一句话而靠近父母，但父母总是对孩子大声喊"快去学习"，这时孩子就会收回向父母寻求关爱的心意，逐渐和父母拉开距离。

此外，父母在孩子面前无法自然地表现出亲密交谈的模样：总是很晚才回到家，筋疲力尽，一心只想着躺在床上休息，就连跟孩子说一句话的时间都没有。父母工作忙得不可开交，就算晚上跟孩子聚在一起，也不知道跟孩子说什么，结果就是看完电视，各自去睡觉。

在这种环境下长大的孩子，会认为比起关心自己，父母更在意自己的工作成绩，因而倍感疏远。因此，在唠叨孩子的学习之前，父母首先要掌握正确的"沟通法则"。

1. 主动靠近孩子

为了开启沟通之门，父母必须先靠近孩子。"在你难过的时候，或是想跟爸爸妈妈说话的时候，我们因为太忙碌，不了解你的心情，所以错过了，你能理解吗？"你可以试着这样说。

男孩和女孩往往展现出不同的互动模式。这些差异可能与孩子天生的性别特质和后天社会化的影响有关。父母靠近孩子，与孩子接触时，孩子有时会感到厌烦，想要独自待在房间里，或者跟朋友在一起，也有可能出现不想跟父母在一起的状况。

特别是青春期的男孩，这种反应是非常严重的，但你不要认为这是错误的做法，这是孩子成长过程中非常自然的现象。在这种情况下，父母不要过于勉强地和孩子说话，可以一边说些减轻孩子负担的话，一边接近他，这样做就能轻易地跟孩子沟通。

"儿子,你不想上补习班吗?晚上去上补习班很累吧?那么,我去找找早点儿下课的补习班怎么样?"

父母不必对孩子说,可以不上补习班了,而是向他提议去其他补习班。既要尊重孩子的意愿,又要做该做的事。比起给孩子带来负担的人,孩子更愿意跟给他减轻负担的人在一起,我们要记住这个原则,跟孩子亲近是非常有必要的。

2. 耐心跟孩子说话

就算是无话可说,父母也要有意识地耐心跟孩子说话,哪怕是一句话,也要用心地跟孩子交谈。当然,父母起初可能会觉得生疏,难以开口,还会感到心累,但是想要打动孩子的心、积累信任感,这些都是父母应该努力做到的。

3. 经常表达感谢之情

父母要经常表达感谢之情。在沟通不畅的家庭里,家人之间会相互指责,请停止指责,经常说出"谢谢"这句话吧!

"非常感谢儿子来到我的身边。"

"我的女儿健康地度过了一天,我内心真的非常感恩。"

当你开始表达感激之情时,僵持的关系便会开始有所改善。即使刚开始很尴尬，不太顺利，还是要不断地努力。感谢如同回旋镖一样，一定会飞回来，帮你创造沟通的奇迹。

4. 坦率地说出心里话

最后，父母应该坦率地说出自己的心里话，能够分享心里话的关系才是真正的亲密关系。父母不可能总是很坚强，有时觉得很辛苦，有时也会感到疲惫，这时候，请坦率地向孩子说出自己的心情。孩子只会把和自己坦诚沟通的父母视为沟通的对象。

父母最容易伤害孩子的6句话

父母可以成功跟孩子建立信任，开启沟通之门，也有可能在某一刻摧毁这份信任，那就是父母说了某句伤害孩子的话时。可能毫无意义、无心说出的一句话，会在孩子的心中留下深深的伤疤，以下这些话可能会摧毁父母与孩子建立的信任，并且伤害孩子。

1."我累了""好难受"

孩子有时不听话、闹脾气，妈妈会不知不觉地说出这句话，但是当妈妈茫然地说出"我累了""好难受"的时候，孩子不知道自己的什么行为让妈妈感到痛苦，也就无法改变。

比如，当你叫他不要再玩电脑了，但孩子不听话时，不要说"妈妈很累"，你不妨这样说："妈妈已经讲了好几遍，你都不听，我觉得自己被无视了，所以我感到很累、很难受。"

如果你能具体告诉孩子，他的行为对你造成怎样的影响，你就不会说出不耐烦还伤害彼此的话，反而能够起到教育孩子的作用了。

2."不行""不要"

否定词和禁止词会让孩子的内心感到压抑，那些对这个世界怀着好奇心，想要挑战新事物的孩子，如果经常听到父母说的"不行""不要"这些否定词和禁止词，就会因为"反正又会阻止我，不让我做"的想法而害怕，最终选择放弃。因此，父母要尽量避免使用否定词和禁止词。

但是根据不同的情况，为了纠正孩子的错误行为，父母有时也需要使用禁止词，这时，父母最好向孩子详细说明原因。如果父母不得已要使用禁止词，请不要生气地说，你可以注视着孩子，低声地说出"不行""不要"。

3. "我要教训你""我警告过你"

听到这些话,孩子会有两种感觉:一种是父母可能会教训自己的恐惧感;另一种则是父母会不会像警告的那样教训我,有"得视情况而定"的某种叛逆心与好奇心。

在教育孩子的时候,与其说警告的话,不如耐心地向孩子解释,他现在的行为会给你们带来哪些不好的影响,怎样做会更有效果。

4. "快点儿做!""还不快点儿做?"

如果有人盲目地命令你做某件事,你会有什么感觉?正如大人会反抗,孩子也会对别人命令的事表现出反抗。与其命令孩子,不如温和而坚定地告诉孩子应该怎么做,这才是更重要的。

例如,对不愿意坐在书桌前学习、一直拖延的孩子,你与其催促他"你还不快去学习吗",不如询问他"你打算几点开始学习呢",并引导孩子在规定的时间内付诸行动,这也是很重要的。

5. "以后再说""等一下"

当父母说这些话的时候,孩子会感觉到父母想回避自己的要求或问题。如果你有紧急的事,或是条件不允许时,应该充分说明自己的情况,并且告诉孩子不能立即满足他要求的具体原因。

如果孩子想要增加一些零用钱,表示生活费不够用的时候,比起回答"以后再说""下个月再说"这种含糊其词的话,不如向孩子耐心询问增加零用钱的原因。无论是培养孩子的金钱观,还是让孩子相信父母不是刻意不满足他的需求,都不要忽视孩子的请求。

6."你为什么不如其他孩子?"

父母们在无意识中最常说的就是跟他人比较的话,如果同朋友或兄弟姐妹比较,会让孩子觉得"我不够好"而感到挫败,甚至会让孩子产生让父母失望的自责感。如果要比较的话,不应该跟朋友或兄弟姐妹比较,而应该跟"过去的自己"比较,这才是更明智的选择。

用这种方式对孩子说,比如:"你比上个月做得更好!""你没有上周做得好,我觉得有点儿可惜。"

正如上述介绍的那样,这6种话语会破坏孩子对父母的信任,还会让孩子感到挫败。父母要学会用温和而坚定的话语代替否定语、禁止语、指示语。不但如此,你还应该成为说话果断的父母,"我相信你""你会做得好",只有使用这种正面积极的话语来鼓励孩子,才能激发孩子的学习动力。

只要你按照上述的建议去实践，无论说什么话，原本充耳不闻的孩子，都会不知不觉地倾听你的话。如果你能打开孩子的心扉，把话说到孩子心里，进入能跟孩子对话的阶段，请详细阅读第2章介绍的"高情商父母的对话方法"。

Point!

● **跟孩子建立信任的4条"沟通法则"**

1. 主动靠近孩子。
2. 耐心跟孩子说话。
3. 经常表达感谢之情。
4. 坦率地说出心里话。

● **父母最容易伤害孩子的6句话**

1. "我累了""好难受"。
2. "不行""不要"。
3. "我要教训你""我警告过你"。
4. "快点儿做！""还不快点儿做？"
5. "以后再说""等一下"。
6. "你为什么不如其他孩子？"

> 烦恼
> 4

如何准确评估孩子的能力，因材施教？

孩子成长的速度不同，静待花开

"同样是两小时的学习时间，成绩却有天壤之别。"

"那个孩子只要读一会儿书，马上就背下来了。"

"只要教他基本知识，他就能活学活用，但我的孩子做不到。"

教导孩子并非易事，特别是对不只教一两名学生，而是教很多学生或补习班的老师们来说，就像"时时刻刻都在战场上"。他们不但承担着艰辛的教育工作，而且要关心每个孩子的成长。

尽管如此，还是会发生如下几位老师做出轻率判断的情况。

"我教的内容都一样，为什么他却学不会？"

但是，"我教的内容都一样"这类话从本质上来说是存在问题的，让我们思考一下吧！在同一个班里的同学，听了同一位老师教的数学课，大家都吸收了相同的知识吗？即使同样听了5个小时的课，全班同学都在认真听讲吗？

当然不是。实际上，就算老师用相同的速度讲课，学生的接受程度也不一样：有的学生会觉得教得很快，有的学生却觉得教得很慢；有的学生能够理解所有课程内容，有的学生却无法理解课程内容，但因为害羞而不敢发问。同样的，即便学习时间完全一样，也不代表全班同学都在认真学习，在同一时间打开同一本书，在这段时间吸收了多少知识，每个学生的情况是不一样的。

不要轻信他人对孩子的评价

同样地做事、同样地指导、同样地教学，这是不可能发生的事，虽然老师们不应该说这些话，但我们也应理解老师的处境。

难道老师想把所有的孩子都教得一模一样吗？显然不是。正如站在教育一线的老师各有不同，孩子们的特性也存在很多差异。每个孩子擅长哪个科目，想必没有老师完全了解。因为每天的授课日程表紧凑，每个科目的备课工作又是那么繁重！

即使老师想要根据每个孩子的特性准备课程，也并非易事。当问题反复出现时，老师只能以标准化的授课方式把知识传授给大多数孩子，对跟不上进度的孩子父母表达惋惜之意。

"他的数学太弱了，再这样下去，到了高年级会成为很大的问题。"

"比起其他孩子，他的背诵能力很差。"

"有的孩子只要指导一下，就能顺利跟上学习进度，而有的孩子却教不会，真可惜。"

听到这些话的时候，父母要谨记一点：包括老师在内的他人对孩子的评价并不是绝对的，父母不要无条件地相信这些话，而要比任何人都经常观察孩子，以自己的标准去判断且始终相信孩子。我想这才是至关重要的。

不管是学校老师，还是补习班老师，我的初衷不是想让每位父母都忽视老师的话，而是想让父母用自己的标准对孩子做出评价,因为最了解孩子的人是父母,不要因为他人的一句话而轻易烦恼或崩溃,也不要让孩子放弃学习。

比起任何人,最了解孩子的是父母

可惜的是,在很多学校、补习班里,老师对孩子或孩子父母的说话模式如下。

> 1. 唯有好好学习才能出人头地,才能实现你的梦想,所以你也要像全校第一名的孩子一样,努力学习。
>
> 2. 你怎么办不到呢?你还真是没有动力和毅力呢!
>
> 3. 这位家长,你的孩子好像不是学习的料。

接受这种教育的孩子,如果父母也全盘接受老师对孩子的评价,只会给孩子带来负面影响吧?父母和孩子通常会有这样的表现。

> 1. 孩子会灰心丧气，开始低估自己的能力。
>
> 2. 孩子会进行反抗（对低估自己的人产生反感，这是很正常的事）。
>
> 3. 经常唠叨孩子去学习。
>
> 4. 从来不对孩子的能力进行客观评价，往往从感情角度出发，过于低估孩子的能力，或是毫无根据地高估他的能力。

这是理所当然的，但是对于孩子的评价，无论是高估还是低估都是不恰当的，你只需要客观地评价。

父母们习惯于在听到老师对孩子能力做出评价时，认为那就是正确的。可是比起孩子的实际能力，那些能力评价往往会深受观察者个人角度的影响。

简单来说，对孩子缺乏关爱的人，评断孩子的能力会越发苛刻，这就是我们不能随意把孩子的教育、对孩子的评价交给其他人的原因。

对一个孩子的能力能够做出正确判断的人，一定是对孩子有着深切的疼爱与关心的人，但是无论是在学校还是在补习班，我们的孩子只不过是众多孩子中的一个，在这些地方教导孩子的老师，即使他很认真负责，花在一个孩子身上的精力也只有几十分之一。当然，我们无法估算每个孩子真正吸收老师付出的精力的程度，但是如果老师对一个孩子没有真正的关心和关注，从一开始就很难正确地判断孩子的能力，也就无法做到因材施教。

每个孩子都是独立的个体，发展速度不可能是相同的，父母应该学会根据孩子的实际能力进行判断，没有必要拿自己孩子的短处与别人孩子的长处比较。引导孩子，尊重孩子与其他孩子之间的差异，根据孩子的兴趣和特点进行教育，才能培养出优秀的孩子。

Point!

1. 不要贸然地接受老师对孩子的评价。

2. 很多情况下，对孩子的评价并非孩子的实际能力，而是取决于观察者的心态。

第 2 章

疑难诊断室

高情商父母，
会这样和孩子说话

> 孩子的注意力与记忆力深受情绪影响，其中恐惧和愤怒的干扰对学习有着决定性的影响。
>
> "这题也解不出来吗？""唉，怎么这么笨。""隔壁家孩子轻松考了100分，你怎么考这个分数？"如果父母经常说这些话，绝对不可能培养出优秀的孩子。

诊断 1

"共情式"交流，
让亲子沟通更顺畅

对大人来说，他们也不想要求孩子

"去学习！"

"提高成绩吧！"

"不要跟那种朋友混在一起！"

"不要再看电视了。"

"你都变胖了，别吃了。"

"要好好洗手。"

叫孩子学习，叫他写作业，每天叫孩子做这些事自己也很烦恼吧？其实，孩子也不愿意听到大人的要求，哪个父母不想达到"放任不管"的境界呢？即使不要求孩子，一看到孩子在眼前，父母也会忍不住唠叨个不停。

"我都是替孩子着想的。"

"如果你不是我的孩子，我才不会管。"

"等我的孩子长大生小孩后，他应该能理解我为什么会那样做。"

父母们一边想着这些理由，一边要求着孩子。但事实上，无论你有什么理由，都无济于事，因为父母越要求、越控制孩子，孩子越想反抗，越不按照父母的期望行事。

不过，也有必须这样说的情况，既然如此，该怎么表达才好呢？按照下面的方法去试试看吧！

父母必须掌握的7个"共情说话技巧"

不厌其烦的说话也有基本原则，父母必须做好心理准备，了解自己的情绪并进行调整，然后在责怪孩子的行为之前，先了解孩子的心情并予以共情，同时切实地改正孩子的行为，这才是最重要的。还要注意说话的语气与目的。

1. 说话前先调整情绪

在说话之前,父母有必要先确认自己的情绪。在情绪不佳的情况下,会不自觉地提高音调,说话时会掺杂烦躁情绪,即使只说了一句话,也有可能听起来是刺耳的唠叨,别提纠正孩子的行为了,甚至可能伤害跟孩子间的感情,与孩子渐行渐远。父母应该等到情绪完全平复后,再开始心平气和地与孩子沟通,这一点至关重要。

2. 不要重复同样的话

孩子最讨厌的唠叨,其典型特征之一是重复以前说过的话。当然,我也十分理解父母在反复说同一句话时的心情。如果只说一遍,孩子也许会忘记,担心他们听不懂。但多余的担心会显得很啰唆吧?对孩子而言,与其说很多遍,不如准确地说一遍,温和而坚定地说明,这样做反而更有成效。

3. 回想童年记忆

在教训孩子之前,试着回想自己还是孩子的时候,父母对自己说过的话或做过的事情吧!当你回想起来时,你的心情是怎样的?当父母对你唠叨时,你会有怎样的心情?听到哪些话会开心,听到哪些话会讨厌?当时的你最常想起什么?情绪怎么样?静静地反思对过去的回忆,并且凭借着这种回忆，试着跟孩子交谈吧！你会比以往更容易理解他的感受，与孩子产生共鸣。

4. 当孩子犯错时，要及时地教育

当孩子犯错误的时候，你会怎么处理呢？会不会有时用不同的方法，有时不予重视，有时尽管孩子犯了小错误，也会把他之前犯的所有错误都说出来？起始于小错误的唠叨，连几天、几个月前犯的错误都翻出来，犹如雪球般越积越多的唠叨，非得都说完才肯罢休。

这时，孩子会不明白你是因为自己的哪些行为才发脾气的，反而感到恐慌，当然不能起到纠正他错误行为的作用。当孩子做出错误的行为时，你最好要及时地教育，但不要重复，只在当下果断地教育孩子。

5. 明确地说出理由和目的

父母必须告诉孩子沟通的理由和目的，让孩子知道自己错在哪里，如何改正。如果父母只是一味地指责孩子，怪孩子做错了，孩子只会感到恐惧和委屈。父母应该给予孩子解释的机会，让孩子对于错误进行回顾分析，引导他自己找出改正错误的方法，这样他才知道，并且保证不再做出类似的错误行为。

6. 避免在公共场合责备孩子

在商场、大型超市，或是熙熙攘攘的餐厅里，当孩子犯错误的时候，你会怎么做？你应该尽量避免在人多的场合责备孩子，不给周围人带来麻烦，而且有必要教导孩子在公共场合的行为举止要规范，所以在不伤害孩子自尊心的情况下，需要恰当地管教孩子。

在这种情况下，我建议你先换位思考再表达，这样比较好。

"你边吃饭边和妈妈说话时，如果有人像这样在旁边不停地讲话吵闹，以至于妈妈都听不到你说的话，那你的心情会如何？"

"你坐在地铁上想睡一会儿，有人在你旁边讲话，吵得你睡不着，你会作何感想？"

在教育孩子的时候，最重要的是让孩子知道为什么要教育他，这才是换位思考的说话方法。

7. 长话短说

想要表达的话尽量简短。说话的目的在于纠正孩子的错误行为，所以简短的表达，孩子才能明确地知道错误的原因。10分钟、20分钟，说得太多，孩子会在某一瞬间开始心不在焉,心想:"要说到什么时候才能结束啊?"

每个孩子都是独立的个体,父母的使命是养出快乐的孩子。如果父母想要通过控制来改变孩子的想法、行动或判断,孩子是不会感到快乐的。缺乏自我标准的孩子只能按照父母的标准被动地生活,所以父母只有理解孩子的感受,学会共情式沟通,不厌其烦地和孩子说话,孩子才能听得进去,做出正确的行为。

Point!

● 父母必须掌握的7个"共情说话技巧"

1. 说话前先调整情绪。
2. 不要重复同样的话。
3. 回想童年记忆。
4. 当孩子犯错时,要及时地教育。
5. 明确地说出理由和目的。
6. 避免在公共场合责备孩子。
7. 长话短说。

> 诊断 2

高情商的父母，
都是善于沟通的高手

强硬的沟通方式，往往给孩子带来心理压力

父母在让孩子去学习时说的话，有时会带给孩子巨大的伤害，尤其是在无意识、一气之下说出的某句话，可能会伤害孩子的自尊心。孩子听到这种话后，他还会用功读书吗？这种话对于改善孩子的学习习惯会有帮助吗？

例如，强行带着孩子去他根本不想去的海军陆战队营地，希望那里的教官通过严格的训练激励孩子。

"连这件事都做不好，你之后的人生要怎么过下去啊？"

"你连这个坡都爬不过去，在未来的人生中也没有韧

性，只能成为失败者。来，快爬过去！"

这些话对孩子的心智教育有效吗？多数孩子应该会对这种牵强附会的话感到反感，他们会这样想："未来还远呢，而且只有我才能决定自己的人生。"

世界上有很多孩子反对以上强迫式教育方式，但还是有很多父母采用强硬的方式让孩子学习，这样只会给孩子带来更多的心理压力。

父母很难用语言来改变孩子的心理、情感、思维和价值观。如果连这个最基本的事实都不知道，训斥孩子就是非常危险的事。

在军队中，用语言强迫的方法也许是可行的，但是在家里，父母必须尊重孩子，引导孩子自己调整心态。尊重孩子并不是满足他的所有要求，不管他做什么事情，都放任他去做，而是让他表达所有的情绪。尊重是指认同孩子的思考、情感和行为，这才是关键所在。因为比起大人，孩子因不成熟而无法从逻辑上进行思考，也就无法做出合理的决定。

假如孩子只知道手机游戏很有趣而玩很久，不知道有什么危害，要是没人制止他，他就会一直玩，所以孩子玩手机游戏的时间要交给父母决定，而不是由孩子决定。

因此，父母虽然无法对孩子的想法或逻辑言听计从，但是完全按照孩子的想法去做是不可取的。为了正确引导孩子的思想与行为，父母有必要建立自己的标准，适当地约束孩子，那么父母在教育孩子时，要特别注意哪些方面呢？

不同教养方式的父母类型

"我应该不是这种母亲吧？"

"我没说那些伤害孩子的话，没关系的。"

你该不会就这样放心了吧？真的是这样吗？

以下是3种常见的父母类型，请审视自己是否属于下述类型。

类型1. 责骂型父母

"因为你每次都这样，所以才会考出这种分数啊！"

"你也有错，错在你不努力。"

如果你用这种方法责备孩子，孩子会觉得自己的存在是没有价值的，因此内心会受到伤害，你必须懂得站在孩子的立场上，从多个层面审视孩子的想法。

类型 2. 权威型父母

"你只会这样做吗?要是这样就别做了!"

"我要生气了,你快坐在书桌前。"

这样的父母通常会让孩子按照自己的要求做事,想要管教、命令孩子。对于这种父母,孩子不会乖乖顺从,反而会因想反抗或是拒绝父母的要求不成而备感受挫。

类型 3. 保护型父母

"妈妈都询问过了,听说这个补习班最好。"

"学习太难了吗?要不要我跟老师沟通一下?"

这样说话的父母在很多情况下低估了孩子的能力,由于认为孩子的能力比其他孩子差,所以会过度担心和保护孩子。在父母过度保护和干涉下长大的孩子,将会失去自信,即便遇到小问题也会感到不安。

父母应该具备良好的对话态度

日本著名的咨询师青木正光强调,"在和孩子交谈前,父母必须先具备良好的对话态度"。如果您因符合上述所提及的"不同教养方式的父母类型"而感到焦虑,请记住以下内容。

> **TIPS 父母不厌其烦的说话态度,成就孩子的人生**
>
> 1. 请尝试理解孩子的兴趣与想法。
>
> 2. 妈妈越是按照喜好去评价孩子,孩子越认为你"势利",或是产生贬低你的倾向。
>
> 3. 就算对孩子的行为不满意,也得努力去理解孩子的感受,不要批评他。
>
> 4. 请鼓励孩子按照自己的选择付诸行动,而不是在你的强迫下行动。
>
> 5. 让孩子参与家庭决策,鼓励他跟你一同解决家庭问题。
>
> 6. 孩子总有一天要离开你而独当一面,为了这天的到来,有必要试着改变你的见解与行为方式。
>
> 7. 孩子想要交流时,请认真地倾听,不要在交谈时看书、看电视,或是做其他事。
>
> 8. 为了更好地理解孩子的想法,你需要安静

地倾听，并且专注于他说的话。

9. 虽然他是你的孩子，但有时你需要像对陌生人说话那样，耐心而温和地对他说话。

10. 比起批评孩子的想法与意见，应听他说完后，尽可能清晰地表达意见，同时让孩子按照全新的想法去实践。

11. 对孩子谈到的任何话题，请敞开心扉，那么孩子自然会把你当成是无论有什么事都能商量的对象。

12. 请注意不要辱骂或嘲笑孩子，即使你认为孩子的行为是愚蠢的，也要尊重他。

13. 经常赞美孩子吧！

14. 你与孩子间的对话，最重要的是孩子要诚实，不能说谎。

15. 父母要努力倾听孩子说的话，然后正确地表达自己的想法。也就是说，你要接纳孩子的想法，用孩子能理解的语言表达自己的意思，这一点至关重要。

父母的高期待，养出被动学习的孩子

"我能为你做的都做了，叫你学习你不去，还做别的事，真是搞不懂。"

那些越是不知道应该为孩子做什么而感到茫然失措的父母，越会说出这种责备的话，相反，那些取得极高教育成就的父母会这样说："我没能为你做什么，你自觉地认真学习，我感到很欣慰。"

那些强调自己为了孩子竭尽全力，并且奉献自己的父母会责怪孩子，相反，那些觉得自己没有能力，经常心怀感激的父母，反而会为自己的孩子感到骄傲。

在大多数情况下，父母对孩子期待高，是有害无益的，孩子不是为了实现自己的梦想而努力，而是因为惧怕辜负父母的期待而被动学习，以及为了不惹父母生气，并且想听到称赞才学习的。

父母与其逼迫孩子，不如仔细观察孩子心里在想什么、处于怎样的状况。认真地倾听孩子说话并予以尊重，在这样的父母的培养之下，孩子才能充分展现自己的能力，成长为一条遨游在空中的"龙"。

> **Point!**
>
> 1. 毫无根据地打击孩子的自尊心是对人格的侮辱。
>
> 2. 与其逼迫孩子,不如发自内心地理解和尊重孩子,这样孩子才会充分地展现能力。

诊断 3

打击孩子自尊心的话
与维护孩子自尊心的话

高自尊的孩子更容易成才

"如果通过学习就能提高成绩,那我会认真学习,但是即使我用功读书,分数也不会提高,所以我不想学习。"

最近,来找我咨询的贤硕不相信自己可以学好,因为他认为自己没有学习型头脑。其实,贤硕讨厌学习或学习不好并不是父母或老师以为的那些原因,而是因为"低自尊"。

所谓自尊心,在教育学上泛指肯定自我,在字典里的意思可以解释为"与能力或条件无关,对自己独有的特别价值的认知,认为自己是有价值的,看重自己、认可自己"。

厌学孩子的共同特征是低自尊,低自尊的孩子对每件事都持有消极的心态。

"我就算学习,也学不好。"

"即使努力了,也办不到。"

"即使尝试,也没有一件事能完成。"

相反,高自尊的孩子对每件事都充满自信,当然,在学习方面也是如此。无论面对哪种困难,都会通过永不放弃的坚定意志去解决,因此,高自尊的孩子更容易成才。

孩子的自尊心是几分?

我的孩子自尊程度有多高呢?你觉得他是高自尊的孩子,还是低自尊的孩子呢?接下来是 EBS 节目《60 分父母》为父母们做的"孩子的自尊心测试",请你让孩子按照自己的想法勾选〇或者 ×。

每个圈计 1 分,请你计算出总分,再对照结果表。我会按照不同的情况,告诉你培养孩子学习习惯的说话的秘诀。

孩子的自尊心测试

请协助孩子按照他的想法,勾选〇或 ×。

1. 我希望能变成跟现在的自己完全不同的人。	〇	×
2. 害怕在班上同学面前讲话。	〇	×
3. 在家经常发脾气。	〇	×
4. 花很多时间适应新事物。	〇	×
5. 经常按照别人的提议行事。	〇	×
6. 有时会讨厌自己。	〇	×
7. 常在学校里感到慌张。	〇	×
8. 经常想要离家出走。	〇	×
9. 跟别的孩子相比,认为自己长得很丑。	〇	×
10. 我没办法给别人留下好印象。	〇	×
11. 别人对我的期望太高了。	〇	×
12. 经常不想去上学。	〇	×
13. 我是不值得别人信任的孩子。	〇	×
14. 无论什么事,都能轻易决定。	〇	×
15. 跟朋友相处融洽。	〇	×
16. 弟弟妹妹(哥哥姐姐)们很听我的话。	〇	×
17. 想说的话会立刻说出口。	〇	×
18. 相信自己。	〇	×
19. 仔细想想,我是非常有趣的孩子。	〇	×
20. 不管什么事,我都不会感到烦恼或痛苦。	〇	×

结果

- **17 分及以上** 自尊心高,能够主动地学习,还会自己找寻未来的出路。

为营造自主学习习惯之"父母的话"

• 能跟上前三名的学习方法

➔ "要不要试着整理今天的上课内容?"

• 培养最好的学习习惯

➔ "规划一天中的玩耍时间和学习时间吧!"

• 让学习效率最大化

➔ "制定读书时间表,然后照着时间表去实践怎么样?"

- **12～16 分** 拥有一般的自尊心,只要父母稍微帮助孩子,就能让他养成良好的学习习惯。

为营造自主学习习惯之"父母的话"

• 让孩子制定时间表

➔ "先确定每天的学习目标量,再实践吧!"

• 让孩子专注于课堂

➔ "上课时间其实没那么长,有的人能连续 10 小时专心听讲，只要你能集中精力 50 分钟，不管你之后做任何工作、任何事情，肯定都能做好。"

• 创造最适合的学习环境

➜ "学习时不需要用到的东西，先放在箱子里，再把它拿到外面吧！"

• 一起思考学习方法

➜ "你在学习时什么最让你感到痛苦？跟我说说看。"

● **11 分及以下**　自尊心低，要是完全不管他，他很容易放弃学习。

为营造自主学习习惯之"父母的话"

• 让孩子先写作业

➜ "当天作业要在当天写完喔。"

• 训练孩子坐在书桌前

➜ "要不要坐在椅子上学习 30 分钟？"

• 帮助孩子实行学习计划

➜ "要写的题目太多了吗？那么至少写 5 个就好。"

打击孩子自尊心的话与维护孩子自尊心的话

父母们经常说比较的话语，结果是刺激孩子，让孩子无法体会到自我价值。

"别的同学是不是考了 100 分？"

"这次那孩子又考了第一名吧？"

这些话会打击孩子的自尊心，那么哪些话能够维护孩子的自尊心呢？

"答对 4 题呢！你做得真棒！"

"对爸妈来说，你是多么珍贵的孩子啊，千万不要忘记，谁都不能随便批评你。"

正面的言语可以激发正面思考，在这方面，哈佛大学教育学院讲师约瑟芬·金的母亲是一个很好的榜样。小学时期，约瑟芬有次考了 40 分，她的妈妈忍住心中的怒火，安慰约瑟芬说："你答对 4 道题呢！"甚至想要斥责约瑟芬时也会说："你真是个有福气的孩子！"

7 年后，母亲正面积极的话语促使约瑟芬在所有学科中都拿到了 A，让她得以提前毕业。母亲带给她能够做得好的信心。

曾任哈佛商学院院长的金·克拉克教授的母亲，总是提醒孩子他的特别之处，而且还让他感觉到就算在外面，他也是受到别人尊重且具有影响力的人，所以无论克拉克遇到什么事，都能爆发出惊人的能量与热情，因而取得他现在的成就。

孩子会在父母正面积极的话语的影响下，拥有"我也能做到""我做到这个程度了"的自信心。父母在这时将他与别人比较，或是过度保护，便会摧毁孩子的自尊心。如果你想要让孩子提升自我价值感，就给他更多尝试的机会，你必须成为这样的父母才行。为了培养孩子的自尊心，持续对孩子说正面话语的父母，才能成就孩子的不凡人生。

Point!

1. 高自尊的孩子更容易成才。

2. 为了让孩子拥有自信，不要对孩子说与他人比较的话，或是过度保护他。

诊断 4

孩子不会为了假设性的话而付诸行动

如何帮助孩子找到学习的动机?

要是强迫不爱学习的孩子学习,孩子一开始便会产生以下的回应。

"我为什么要学习?"

"我为什么要学习好?"

通常,如果孩子提出这种疑问,父母们会说:"学习对你有帮助。"父母们这样回答孩子的问题,并不是最佳的答案。很多教育专家和父母说话时都会犯以下错误。

现实论	"考上好学校会对你将来的生活有利。"
理想论	"学习是你实现梦想的基础。"
训练论	"即使是讨厌做的事,也要养成忍耐的习惯!世上没有随心所欲只做自己想做的事的人,培养毅力吧!"
人格论	"不管做什么事,都要全力以赴,这样才能成为优秀的人。"
知识论	"学习能积累知识。"

如果我们这样回答孩子的问题,你认为会有什么效果?你觉得用这些话可以告诉孩子为什么要学习吗?毋庸置疑,这样做是不行的,我想大家都能感觉到,这些话不足以赋予孩子学习的动机。

父母常说的老套的话,让孩子更加反感学习

孩子们有时会说:"烦死了,你又说这句话!"父母这时可以转换立场思考,说出激发孩子学习动机的话,这样才能产生激发动机的效果,否则只会产生孩子厌学的负面效果。

尽管是年幼的孩子,也不能低估他的智力水平。至今我见过的无法激发孩子学习动机的父母,大多认为孩子的智力水平不高,这是父母的问题。激发孩子学习动机的第一先决条件是绝不可以忽视孩子的智力水平。

热情、梦想、难以生存、就业难等,想用这些老套的话语来激励他人的人,之所以采取这种方式,是因为在他看来对方的智力水平不高。学习能圆梦吗?学习好既能顺利就业又能赚钱吗?对孩子们来说,他们无法感同身受,因为那些听起来只是跟自己无关的话。

孩子不是通过接受"理由"而行动的,所以即使父母说这些话,孩子也只会用冷笑跟厌烦来回应,并逐渐更加反感且抗拒学习。

说假设性的话无法让孩子付诸行动

"你只要做就能做好",与其说这种毫无意义的假设性的话,不如说"多尝试就会成功"效果更好,这句话更能带给孩子影响力。

假设性的话	"你只要做就能做好。"
行动性的话	"多尝试就会成功。"

因为比起"你只要做就能做好"这种虚无缥缈的话,"多尝试就会成功"更具有真实感,就实现的可能性而言,后一句更加切合实际。不管多么认真努力,这世上都有很多失败的人。如果你希望孩子能持续努力和行动,就必须停止说这些假设性的话,比如"你会做得好""你有学习天赋""你是聪明的孩子"。人的头脑与能力可以开发,也可以退化,是具有可变性的。比起摧毁自尊心的话,更糟糕的是带给孩子渺茫的希望,千万不能忘记这个事实。

除了停止说假设性的话外,父母还应该给孩子进步的时间。很多父母望子成龙的心太过迫切,忽视了孩子的点滴进步。孩子的每一次进步都付出了很多,他们也想要快速进步,只是需要积累取得成功的"行动量"。父母不能因为孩子进步慢,就打击孩子的自尊心。

不过大多数普通人不会这样生活,因为所有成功的王道是"行动量"。比如霍华德·舒尔茨,他出生于低收入的家庭,但他后来把星巴克经营成了全球企业。据说,他习惯于反复执行相同的事情,也就是拥有绝对的行动量,才获得了成功。

"我妈妈总是耐心地问这些问题,'你今晚要学什么科目?需要我的帮助吗?你准备好考试了吗?'这样的鼓励与提问,让我养成了不断建立目标且付诸行动的习惯。"

良好的学习习惯,并不取决于你做了多少难题,而是取决于你是否可以坚持做这些难题。只要你每天反复地做,"为什么我要做这些难题?我想玩……"的想法就能逐渐减少,你会不自觉地重复做同一件事,即使没人要求你,你也会自觉地学习,这种习惯是在无数的重复与训练下养成的。

习惯的行为不受个人意向的影响。要是希望孩子能扮演好自己的角色,并且成为卓越人才,父母千万不要反复唠叨他,而要让他为了达成目标而付诸行动,要帮助他养成自觉地学习的习惯,这样孩子才能收起玩乐之心,多读书,他的成绩才会有所进步,才会很快实现目标。

Point!

荒谬地赋予动机对孩子是无效的,"多尝试就会成功"这种切合现实的话反而更有效果。

第 3 章
对话实战篇

击破教养痛点，培养品行兼优的孩子

孩子的性格会根据不同情况而发生改变，有时意志消沉，有时散漫，有时固执，有时变得很感性……养育孩子，你每天也会有不同的心情和情绪的变化，并且因孩子不同的个性，你也会有各种各样的烦心事。面对整天玩游戏的孩子、讨厌学英语或数学等特定科目的孩子……你会有不知如何解决的苦恼吧？在第3章中，我将会介绍根据孩子的性格和问题，你该如何说话。

> 问题
> 1

当孩子不专心时、意志消沉时,你该怎么说?

因材施教,每个孩子都能出类拔萃

"我女儿总是很内向。"

"我儿子整天很好动。"

你会这样判断孩子的性格吗?我们通常会用一句话判定孩子的性格,但实际上孩子的性格会根据不同的情况而改变:原本意志消沉的孩子,第二天可能会变得活泼好动;原本早上无法专心学习的孩子,下午却表现出惊人的专注力,学习效率很高。

孩子有各自的优缺点,虽然父母的学习指导很重要,但过度的指导会忽略孩子所具备的特质或性格因素,效果反而会大打折扣。

反之,灵活运用孩子身上个性特征的优势,采取更加符合孩子个性的学习指导,可以帮助他运用自己的优点与潜能,他的成绩自然就会提升。

孩子意志消沉时,鼓励的话反而会起负面作用

当孩子意志消沉时,如果为了让孩子变得积极,说以下这些话煽动或责骂他,是不好的。

"努力吧!"

"你会考好的。"

"没关系,你可以做到。"

"你这么害羞,能顺利上台讲话吗?"

当孩子看起来消极时,责备他,他会更容易畏缩;鼓励他,反而会给他带来负担。在这种情况下,这样说会更有效果。

"如果在这种情况下,我也会这么做。"

"这次考试很难吧？连我都觉得紧张。"

先用温柔的话安抚孩子的心情，然后帮他准备让他展现自信的场合，这样会更有效果。

积极正面的方式并不总是有效的，如果孩子需要安慰，只要说安慰他的话就可以。在孩子还没有做好准备调节情绪时，盲目地赋予动机对孩子是不利的，孩子会逐渐对学习失去兴趣，丧失自信心，甚至连知道的事他都不想回答。当他在人际关系方面感到痛苦时，最好给孩子独自思考的时间和空间。

此外，孩子在意志消沉的状态下学习或读书时，如果你事事从旁干涉的话，孩子会很厌烦，所以你应该放手让他做自己想做的事，最好不要过度干涉。

重要的不是结果而是过程，称赞"努力的过程"的话很重要

孩子好动时，他的思维方式也是自由开放的。孩子讨厌按部就班的行动，也不喜欢一成不变的生活。虽然孩子可能会因为不善于进行时间管理而走弯路，但是只要认真去做，就能取得成果。

这种孩子一般不善于好好整理事物，即使在混乱的状况下也能满足地生活，然后某一天心血来潮，整理周围的事物。他们偶尔对一成不变的生活感受到压力，可能会偏离正常的生活。因此，父母不要事事都责怪他，要尊重孩子的性格特征。为了不让孩子过一成不变的生活，多帮助他寻找恰当的时机，让他放松。这时就需要你多思考，耐心地安慰他。

"只要能看到你专心学习的模样，就已经成功了。"

"用突击的方法背诵，是很有效果的。虽然数学成绩比语文成绩差了些，不过你在考试前付出了很多努力，我还是要表扬你，下次考试，我们再提前一点儿开始准备吧！"

此外，我们要让孩子感受到，比起结果，努力的过程更重要，这才是正确的观点。不论何时，重要的不是结果而是过程，在过程中耐心地评价孩子做得好或做得不够好的地方，绝不能让孩子的学习热情熄灭。

孩子受到他人的影响时，父母要多称赞孩子

孩子不专心或是无法集中精力学习时，容易受到他人的影响，也很重视与人互动以及他人的意见，所以当孩子

听到批评的话语，就很容易变得意志消沉。对于这种情况的孩子，经常称赞他是正确的方式。

"你做得不错！但下次你专心做题会更好，我相信你可以越来越好！"

"你看这道题目，即使难解也可以挑战看看吧？你可以的！"

在训斥孩子前要先赞美他，之后再指出做错的地方，总之最后一定要用称赞的话做结尾。在孩子制订学习计划时也要称赞他："你的学习计划很详细，只要认真执行，就能促进学习。"这样说话，孩子就能更加集中精力学习了。

孩子分心时，父母要学会正确引导

孩子散漫时，容易出现的问题在于难以持续学习，所以在这种情况下自然而然地会经常听到你的唠叨。如果你无视孩子出乎意料的行为、想法或是指责他，孩子就会感到受伤，所以你要尊重孩子的想法，并且倾听他说话，否则，孩子可能会无法正确理解现实环境，进而产生自卑的心理。尽可能不要唠叨孩子，多聆听孩子的意见就足够了。

对处于这种情况下的孩子来说，与其提供学习方法，不如进行多样的学习活动更有效果。如规划一天的学习时间目标：学语文 1 小时、数学 1 小时，然后学语文 30 分钟、数学 30 分钟后，孩子可以做其他事，然后再学语文 30 分钟、数学 30 分钟。这是不错的时间分配方法。

此外，预习比复习更有效果。因为孩子讨厌反复看学过的内容，所以最好让他预习接下来要学的内容。让他事先了解将要学习的新内容，这也是不错的方法。

Point!

根据不同的情况，考虑孩子所具备的特质，有针对性地应对，孩子便能充分利用自己的优点与潜能，成绩自然会提高。

问题 2

沉迷于游戏的孩子，
如何找到学习动力？

孩子沉迷于游戏，父母强行控制有效吗？

"我下课后和朋友去网吧，我要玩 1 小时游戏来消除压力。我心里这样想着，但每当我坐在电脑前，专注于玩游戏时，三四个小时便一晃而过，结果放弃学习，玩游戏玩到很晚才回家。"（11 岁，A 同学）

不久前，我遇到了 A 同学，他沉迷于游戏，他说过："不管是睡觉还是清醒，总是想玩游戏。"沉迷于游戏的孩子们在上课时不做笔记，而是喜欢在教科书上描绘游戏地图并制定战略。他们会避开老师的视线，打开手机玩游戏，还会经常逃掉晚自习或补习班，跟朋友去网吧。即使好不容易收起心来坐在书桌前，脑海里也只想着游戏。

玩游戏一旦上瘾，就很难远离。即使你严格控制游戏成瘾的孩子，一旦离开家，他也总能找到很多地方上网。

为什么孩子会沉迷于游戏？如果你连孩子沉迷于游戏的原因都不知道，只会一味地叫他不要玩游戏，这样是无法让孩子走出游戏世界的。父母如何说，才能帮助孩子摆脱游戏？以下是一位母亲用智慧的语言让孩子摆脱游戏成瘾状态的案例。

对话技巧①　"先考上好学校，将来就能自由安排自己的时间。"

家长A："孩子不学习只会玩游戏，实在是非常可惜。不让他玩游戏，他就生气，背着我去网吧玩游戏，这样只会一直产生负面结果，所以我同意他玩游戏，并且想到利用游戏的方法。"

作者："您是怎么利用游戏的？"

家长A："我叫他考教育大学。"

作者："啊？这是什么意思？近年来去上教育大学的孩子，学习一定要很好才行，您怎么会让一个不爱学习的孩子去考教育大学呢？"

家长A："我是这么说的：你想要继续玩游戏吗？那你就去上教育大学，要是你考上教育大学，毕业以后可以当老师，这样能5点下班，然后就可以玩游戏了。但是你因为不学习而找不到工作的话，你每天晚上都要加班到10点之后才能下班，你还有玩游戏的时间吗？是绝对没有的。如果你想要玩游戏，一定要考上教育大学。听我这样说完后，孩子突然开始找到学习的积极性，之后他的成绩明显进步了很多。"

也许有人会说："这只是个案吧？"实际上，这是一个家长咨询的案例。我不是让你们按照案例去做，而是希望你们注意到这个案例给出的提示：如果孩子已经对学习反感，并且沉浸于其他乐趣中，那么与其阻止他，不如利用这种乐趣。家长A告诉我们：学习不是阻止你做你想要做的事，而是让你更轻松地享受它。

先观察孩子喜欢做什么事，并且同意他做这件事，然后找到这件事和学习的契合点。如果你按照这种方法去做，孩子很可能会成为优秀的人。这个方法的核心在于，不强制改变孩子早已形成的兴趣倾向，而是要利用孩子的倾向。你可以想出类似的教育方法，请你试着这样做吧！

对话技巧② "游戏与学习有共通点。"

让我来讲讲摆脱游戏成瘾，进入高丽大学的B同学的故事。

"我曾经迷上玩《星际争霸》这款游戏，在学校或阅览室觉得无聊的时候，就会去网吧玩《星际争霸》，但遇到高手时，感觉就没有那么好了。"（高丽大学B同学）

曾经沉迷于游戏的B同学是怎么考上高丽大学的？B同学说："因为我不想输。"平时他就是个好胜心强的人，所以他为了在《星际争霸》游戏中赢过朋友而沉迷于游戏，他平时也具有竞争意识，也会认真对待学习和功课。

有些人只要一提到学习就会皱眉头，但其实就像B同学讲的那样，游戏与学习是非常相似的，那就是相互竞争且取得成就。孩子的竞争意识不应该运用在玩游戏上，而应用于学习上，这需要"父母耐心地教导"。"我的孩子沉迷于游戏，但只要好好引导，他在学习上也能发挥无限能量和潜能。"请你相信孩子的无限潜能，试着用下面的方式和孩子说话吧！

1. 游戏好玩是因为有升级功能，学习也能够获得成就感

在游戏中可以打败对手或收集道具，当孩子专注这些时，他的等级就会一步步上升，并获得巨大的成就感。孩子品尝到胜利的滋味，会觉得自己真的变成了了不起的人。我们必须告诉孩子，在游戏中取得的胜利感与失败感的体验，在学习上也能感受到。只要做好这层心理建设，你就再也不用为孩子的学习问题而担忧了。

2. 学习和游戏一样，付出多少就能收到多少回报

游戏成瘾的孩子常会这样认为："无论再怎么认真学习，也不会反映在成绩上，但是玩游戏却不是这样。"

孩子的这种想法是错误的，实际上学习的回报跟其他领域一样。比如玩游戏时，只有积累到足够的经验才能顺利升级，学习也需要踏实地坐在椅子上认真努力，才能取得好的成绩。

请你告诉孩子："学习和游戏一样，付出多少就能收到多少回报。"事实上，学习会带给你超乎玩游戏所获得的成就感，原因在于游戏世界跟现实世界里所获得的东西是不同的。如果你能让孩子理解这一点，孩子就会对学习产生兴趣。

3. 游戏也好，学习也好，只要掌握了方法，谁都能做好

即使不是天才，也能成为游戏高手，因为玩的次数越多，就越能掌握窍门。学习也是如此，只要掌握了窍门，谁都能学好。有人说："因为脑子笨而学习不好吗？还是因为没有掌握正确的学习方法呢？好学生不仅有学习天赋，而且掌握了正确的学习方法。"我也深有同感。

4. 游戏也像学习一样，持续玩下去会厌倦

找我咨询过的很多学生都这么说："我怎么玩游戏都不会厌倦，可是一翻开书很快就厌倦了。"真是如此吗？慧敏大师在《人生那么长，停一下又何妨》这本书中说："现在请你摆出感觉最舒服的姿势吧！维持 30 分钟不要动，那么最舒服的姿势便会变成最不舒服的姿势。"

无论是玩游戏还是学习，持续太久都会让人厌倦，这两者都需要适度的调节。不过要是你过度管制孩子玩游戏，则不利于孩子的自我调节，反而让他觉得游戏很有趣。

那么，父母该继续让孩子玩游戏而放任不管吗？并非如此，我不是建议你们对孩子说"不要玩游戏"，而是要你们试着降低游戏在孩子心中的感受。不管是哪种娱乐活动，只要沉迷于它，总有一天会厌倦，而且内心会感到很空虚，

那时就会感觉到它毫无价值。

为了让孩子明白他沉迷的东西是没有价值的，却只叫他不要玩，反而会让他更感兴趣。希望你们明白：厌倦和空虚正是摆脱沉迷于某件事的最佳方法。

对话技巧③ "投资你自己，而不要投资在游戏中。"

我最想告诉沉迷于游戏的孩子们的话，也是高丽大学B同学最后对我说的话，希望你们传达给自己的孩子："玩游戏赢过对方时，心情是非常好的，但是最终还会留下没学习的不安感，而这种不安感在内心中不断积累，最终会形成内心的压力；相反的，虽然学习会让人觉得疲惫不堪，但是读了几小时的书，掌握了很多东西，反而会觉得心情舒畅。我觉得学习是短时间的压力和长时间的舒畅，而游戏是短时间的快乐和长时间的不安，如果领悟到这点后，我会选择多花时间学习。"

孩子们在享受玩游戏的瞬间，心中也会感觉到莫名的不安，我想告诉他们："不要把时间投资在游戏世界中的角色上，而要投资在自己身上！"只要坚持学习几小时，不安感就会消失，还能轻松自在，这将会让你受益良多。

Point!

● **如果孩子沉迷于游戏，请让他明白这几点：**

1. 先考上好学校，将来就能自由安排自己的时间。

2. 游戏与学习有共通点。

3. 投资你自己，而不要投资在游戏中。

> 问题 3

孩子有自己的兴趣和目标，如何树立学习价值观？

学习是每个孩子的一项任务

没有不想学习的孩子，也没有不会学习的孩子。即使孩子不擅长学习，也有能力做其他的事，是这样吧？现在的孩子有自己的思想和逻辑，有各种理由拒绝学习，这让父母们感到不知所措，我相信你们应该也有这种经历。

"反正我以后要当偶像，我现在干吗还要学习？"

"我要成为职业玩家，所以我要把学习时间都拿来玩游戏。"

"比起学习，我更擅长运动，我要从事运动方面的工作。"

"就算学习好考上了大学，毕业后也要找工作，何必多此一举呢！"

对这些孩子来说，父母用简单的理论说明学习的必要性是没用的，因为多数父母对孩子说这些理论时，孩子是这样解读的：

- 我是他的出气对象。
- 他们自以为自己很懂，其实是想在我面前树立威信。

因此，在和孩子交谈时，千万不要从学习的话题开始，而要从孩子本身开始讲起，从孩子感兴趣的事、在意的事开始，先对孩子予以尊重，然后再视情况引入学习的话题。

实际上，学习并不像我们想象的那样，是多么伟大崇高的东西，学习只不过是一个工具。令人惊讶的是，孩子们比多数大人更懂这个事实，更加清楚地看穿了这一切。

引导孩子进行逻辑思考，找到学习的兴趣

不学习也算是一种意志力的体现。如果孩子持有这种观点，根据逆向思维，向孩子提出以下问题吧！

"我不是说你一定要学习好,我是好奇才会问你,你不学习的原因是什么?"

如果你把焦点狭隘地聚焦到学习的义务上,就没办法进行逆向思考。对于那些拒绝学习的孩子来说,我们要注意的是他们做出这种行为的逻辑原因,很多时候孩子显然没有进行逻辑思考,才找不到学习的兴趣。就连孩子本人也没有意识到这一点,如果孩子对上述问题做出回答,可能会这样说:

"即使不读书,只要随便找份工作赚钱就好啦!"(根据就业难的现状,这样说是很天真的想法,但是孩子很有可能会这样想。)

"就算不学习,如果我擅长其他方面,一定也能取得成功!为什么只会拿学习不好来教训我?"(当然孩子这样说也没错,不过他说的擅长的事情是什么?这应该是现今多数父母跟孩子吵架的主题。)

要清楚地了解孩子这两句话的本质,它就像以下这两句话的逻辑一样。

- 即使不好好学习,我也能随便找到一份工作。
- 除了学习以外,我通过其他擅长的方面也能生活。

实际上,大多数不学习的孩子的头脑中,都已经存在上述的想法，导致他失去学习兴趣。如果你知道不学习的孩子有这两种思维模式，那么你就可以利用它们来告诉孩子学习的必要性。

根据孩子的梦想，运用相应的对话模式

父母要询问孩子的梦想，为实现梦想，告知他学习是非常有必要的，详见以下例子。

> 妈妈："你的未来梦想是什么？"
>
> 孩子："当歌手。"
>
> 妈妈："是吗？当歌手，那要做唱歌跳舞的练习呢！"
>
> 孩子："我现在正认真练习中。"
>
> 妈妈："嗯，可是当歌手整天都要练习唱歌跳舞吗？你持续唱一天的歌，就能成为优秀的歌手吗？
>
> "当然，人应该努力地工作。还有你问我：除了做自己的工作之外，还要把其他事情也做好

吗？你这样问也没错，可是你会做自己的工作，并不表示你能做好自己的工作。

"比如，足球运动员没必要会打篮球吧？不过足球运动员只要擅长踢足球，就能成为优秀的足球运动员吗？这是不一定的。首先，我们必须了解人的心理，这样才能跟对手玩心理战，并且承受得住压力。

"你还要具备体育学、健康学等相关知识，这样才能做好自身的身体管理，在紧张的日程中保持良好的身体状态，防止受伤。

"你想当歌手也是一样的，就算每天练10小时歌，也不一定能成为优秀的音乐家。如果你想写出动人的歌词，就必须清楚地了解人的心理与社会现状才行。不学习，连一本书都不读，你能写出打动人的歌词吗？你知道写出优美歌词的音乐家读了多少书吗？

"也许你觉得学习占据了练习唱歌跳舞的时间，但并非如此。所谓专家，并不仅会做自己的分内之事，关于人的心理、身体、社会、文化……懂得将所有事物融会贯通于自己想做的工作领域，这才称得上是专家。

> "因此,妈妈的意思是,学习绝对不会阻碍你想从事的音乐工作,反而会对你有帮助。"

虽然我在字里行间都在强调学习的重要性,但我还是要告诉你,学习是和孩子想做的所有事情都联系在一起的,即使看似毫无关联性,学习好的孩子也更容易实现自己的梦想。希望你们向孩子传达这个事实。

如果你总是无法说服孩子学习,即使告诉他学习有至高无上的价值,孩子也不会接受,那么可以试着跟他说说以下这些理由,也许这能让孩子心甘情愿地去学习。

"学习会帮助你实现梦想。"

"学习会帮助你更加享受你喜欢做的事,而且做得更好。"

父母是孩子成长道路上的引路人,他们通过长期的指导和教育培养出杰出的孩子。父母的每一句话都至关重要,让孩子领悟:学习不仅是为了应付考试,而且是为了武装自己,迎接未来的挑战与机遇。

> **Point!**
>
> ● **根据孩子的未来梦想，学习对话模式**
>
> 1. 聆听孩子的未来梦想。
>
> 2. 向孩子说明"只做好自己的分内事，并不能成为专家"这个事实。
>
> 3. 举例说明，告知孩子，学习对孩子的未来有帮助。

> 问题 4

孩子厌倦学习，如何帮助他重拾信心？

孩子对英语产生强烈反感

我曾在 10 多岁时，甚至在 20 多岁时，非常抗拒学习一些科目。举例来说，我上过外国语高中，那时我发现有很多同学从小生活在英语国家。我学英语时，听力对我来说非常困难，而那些成长于讲英语国家的同学总是轻而易举就能拿满分，因为他们从小就说英语，所以考满分是理所当然的。那时，每当我看到他们，都会倍感挫败。

还有一个关键性的问题，就是发音。在国外长大的孩子，他们的发音跟音调是与众不同的。在我看来，他们的发音似乎比电影里的美国人更标准。当我在课堂上用不标准的发音朗读课文时，有的同学会笑出声来，我当然会对他们以及英语产生反感。也有可能是因为我的自卑感，感受到他们在取笑我，所以我越来越讨厌学英语。现实中，大多数孩子都经历了这种过程，才会对学习某个科目产生反感。

无论哪个科目，都不要让孩子轻易放弃

如果孩子讨厌学习某个科目，成绩自然会变差，要是长时间维持这种状态，最后会演变成孩子放弃学习这个科目。问题在于，放弃学的是什么科目。虽然孩子不应该放弃学任何科目，但如果放弃学语文、数学、英语那样的主科目，后果会更严重。由于主科目在总成绩中占的比重较大，放弃其中一科，别说是在校成绩与入学考试结果不好，就连选择志愿的范围也会缩小。另外，放弃学一门科目，有可能会导致放弃学其他科目。因此，不仅是主科目，任何一个科目，都不应让孩子轻易放弃。

放弃也有很多阶段，有的孩子会公开发表放弃宣言，完全不学这门课程，父母很难应对孩子的这种极端方式；有的孩子并不明确表示要放弃学习，却在内心里抗拒。如果孩子的状况演变到这一阶段，事情会变得更严重，我们

必须尽快采取措施。

这时尽管你知道了孩子想要放弃学习的想法，也要有"和孩子耐心地沟通，听听他的想法""尽可能让他别完全放弃学习"的意识，这是至关重要的。即使是不想学的科目，也要尽量让孩子的成绩维持在中间水平，这样日后才能帮助孩子进步，找到努力学习那门课程的契机。

帮助孩子重拾学习信心的6个方法

有没有办法让孩子对已经放弃的科目重拾信心？根据放弃学习时间的长短，帮孩子重拾信心的可能性也有所差异，但并不是完全没有办法。我推荐大家尝试使用以下方法。

1. 找出孩子不喜欢某个科目的原因

不管是什么疾病，如果你能准确了解病因，便能提高治愈的可能性。你可以试着问孩子这些问题：你为什么不喜欢这门课？你要放弃的决定性因素是什么？

这样，孩子就会思考自己不喜欢学习的原因。你应该给孩子思考的时间，因为孩子会通过这段时间自我回顾，反思和调节情绪。如果孩子不喜欢这门课主要是因为不喜欢这门课的老师，那通过上网络课程或补习班课程，多接触其他老师，是非常有效的。

2. 保持平和的心态，"只要掌握基本的知识就好"

孩子放弃学某个科目的原因大多是对考试成绩有沉重的负担，所以与其要求孩子更认真学习，不如帮助孩子调整心态。你要尽量帮助孩子保持平和的心态，"只要掌握基本的知识就好"，不要让孩子有任何负担。

这样做多少能缓解孩子对这个科目的反感和抗拒。选择课程中最基本的知识进行学习，或是复习以前学过的知识，以此来恢复孩子的自信心，这也是不错的方法。

3. 从"只要专心听课20分钟"做起

当孩子放弃学某个科目时，我们最先看到的是他在上这门课时的"捣乱"行为，比如打瞌睡。遇到这种情况，不要逼迫孩子，不如帮他养成专心听课10分钟、20分钟的习惯。

"只要专心听课20分钟，可以吗？"这样提议后如果孩子听从了，你可以适当给他奖励，这么一来，孩子的专注力会越来越集中，他会改变不想听讲的态度。即使有听不懂的地方，也要鼓励孩子坚持听完课。

4. 先肯定孩子的强势科目，再帮助他加强弱势科目

请观察一下孩子身边的同学。例如，孩子觉得学数学很难，但是他很喜欢学物理。相反，孩子的朋友擅长数学，却对学物理没信心。通常父母都会拿孩子跟他周围的同学作比较，并告诉孩子："你也能跟他一样学得好。"实际上，在任何情况下，将孩子跟其他同学作比较，只会加深孩子的自卑感，反倒让他对这门课更加反感。想让孩子多学习弱势科目，重点在于必须先肯定孩子的强势科目，让孩子摆脱跟他人作比较的心理负担。

"每个人都不一样，不可能大家都擅长同一门科目。你跟哲秀不同，你的语文很优秀啊！你不用像他一样那么擅长数学，不过你可以思考一下有没有方法缩小分数的差距。"

"虽然哲秀的数学成绩比你强，其实他只是比你更快掌握解题的要领而已，绝不是因为你的能力不足。想学好数学，只需要掌握一些小窍门。你不用太失望，向哲秀请教一下解题要领吧！"

"我不擅长学这门课"，当孩子认同这句话时，只会让他对这门课更加反感。

"其实你只是没有掌握好方法，但是你擅长其他科目，所以可以减轻学习这门课的压力，只要掌握基础知识就好，然后慢慢跟上其他人的脚步吧！"

采用这种方式对话，才能提高孩子对不擅长科目的学习兴趣。

此外，在 EBS 播放的《学习的王道》或是《学习的达人》这类节目中有相关的课程，你跟孩子一起观看会更有帮助。可以一边观看节目，一边培养孩子的学习兴趣，请尝试一下吧！

5. 跟孩子一起看一本书

如果孩子在心理上对某个科目产生抗拒，甚至都不想打开这门课的教材。此时此刻，请你检查一下孩子的教材吧！当准备好教材后，跟孩子一起把书放在桌上，然后一同坐在书桌旁，再对孩子这样说："要不要跟我一起看这本书啊？"

接下来，你可以和孩子一起阅读，寻找他感兴趣的内容。用这种心态跟孩子一起阅读，能够减轻他对这门科目的反感。

6. 在电影或课外书中，帮助孩子找到学习兴趣

即使孩子不喜欢学习某个科目，但是当他看到跟该科

目有关的电影或课外书时，他也可能再次找到兴趣。要是他厌恶学数学，你可以试着找到与数学相关的电影或课外书，一同观看或阅读。在电影或课外书的内容中，孩子也许会有新的发现，也会有乐于接受的部分。凭借这种方式，孩子可以重新获得学习动力。

优秀的学生不可能都是天才，也不一定是每时每刻都拼命努力的人，他们也有相对擅长的科目和弱势科目。当他们感到挫败时，父母会理解他们的心情，帮助他们找到克服困难的方法，培养越挫越勇的性格品质，这样孩子才会越来越强。

Point!

● 帮助孩子重拾学习信心的 6 个方法：

1. 找出孩子不喜欢某个科目的原因。
2. 保持平和的心态，"只要掌握基本的知识就好"。
3. 从"只要专心听课 20 分钟"做起。
4. 先肯定孩子的强势科目，再帮助他加强弱势科目。
5. 跟孩子一起看一本书。
6. 在电影或课外书中，帮助孩子找到学习兴趣。

> 问题 5

灌输式被动学习,孩子会更优秀吗?

强迫式教育,会激起孩子的反抗心理

"每当想到敏熙,我就感到焦虑不安。她现在才上高二,昨天又没去学校上学,她到底是怎么想的?三天两头旷课,更别提学习成绩了,她总喜欢跟不良学生待在一起。"

"上小学的时候,她的学习成绩不错,而且还是超级听话的模范生,我实在搞不懂为什么她会突然变成这样?"

近来,敏熙经常和妈妈吵架,她的妈妈找我咨询女儿的问题。敏熙的妈妈说:"女儿在小学的时候成绩很优秀,是个乖孩子,可自从上高中后,突然开始表现出不良的行为。"

实际上,敏熙并不是突然开始表现出不良的行为。从小时候开始,她就厌倦了长时间的强迫式教育,进入高中后,她内心的压力爆发了。敏熙的妈妈没能察觉到孩子的变化,对孩子的唠叨更加让她误入歧途。

> **父母的话,让孩子迷失方向**
>
> "你写完作业了吗?"
>
> "一上午连一道数学题都没做,你到底在干什么?"
>
> "你平时一直和朋友玩,周六还要出去跟朋友见面吗?"

孩子的学习积极性有多高?

父母随口而出的唠叨会让孩子意志消沉,甚至还会让孩子出现说谎或情绪爆发的状况。如果这种恶性循环一直持续下去,孩子就连完成少量的功课都会感到吃力。

提高孩子学习积极性之前,先观察孩子学习积极性的程度吧!以下是青少年心理咨询师朴民根提供的"学习积极性指数测试"。

每个问题的答案选项，如果接近"是的"为5分，"一般"为3分，接近"不是"为1分；如果难以判断，可以勾选中间分数2分或4分。请孩子勾选，并将各项分数加总得出结果吧！

学习积极性指数测试

你的孩子的学习积极性在哪个程度？请孩子按照他自己的想法进行勾选。

←不是　是的→

1.认为对学生来说，学习是非常重要的。	1 2 3 4 5
2.就算不被要求去学习，我也会自觉地学习。	1 2 3 4 5
3.学习时遇到疑问会一探究竟。	1 2 3 4 5
4.认为学到的内容大部分是有用的。	1 2 3 4 5
5.很清楚自己擅长什么、喜欢什么。	1 2 3 4 5
6.如果没完成自己计划的事，心里不舒服。	1 2 3 4 5
7.认为只有学习才会变聪明。	1 2 3 4 5
8.想过将来要从事的职业。	1 2 3 4 5
9.学习的时候总是很专注。	1 2 3 4 5
10.制作自己的学习计划表。	1 2 3 4 5
11.制订学习计划时会进行时间分配。	1 2 3 4 5
12.觉得学习是为了自己好。	1 2 3 4 5

13.每学期将要学什么，会根据不同的科目建立目标。		1 2 3 4 5
14.知道自己要努力学习的原因。		1 2 3 4 5
15.认为实现某个目标需要不断学习。		1 2 3 4 5

结果

- 未满50分：学习积极性低。
- 50～60分：学习积极性一般。
- 超过60分：学习积极性高。

提高孩子学习积极性的3个方法

你的孩子做完测试了吗？结果如何呢？如果你想要提高孩子的学习积极性，希望你从现在开始认真听我说的话。想要提高孩子的学习积极性，最重要的是"父母的信任"和"创造提升孩子专注力的环境"。

从孩子下定决心要学习的那天起，如果你开始唠叨"你为什么不能乖乖地坐在书桌旁边"，那在他还没踏出第一步前，就会迷失学习方向。在客厅里把电视开得很大声，或是在书房里放置很多杂乱的东西，也会使孩子的专注力逐渐下降。即便是晚点儿开始，也要让孩子慢慢地养成学习习惯。请你秉持着对孩子的关爱，守护他，替他打造适宜的学习环境。

1. 帮助孩子创造适宜的学习环境

根据赫尔曼·艾宾浩斯研究发现的遗忘曲线，学习一个小时后，记忆量仅有44.2%，所以孩子的学习积极性如果只有一点点，更要每天坚持才会有所提升。你最好每天都能帮助孩子复习感兴趣或是能让他愉快学习的课程，在心理层面也是如此，每天能让孩子的大脑保持运转，就能使学习力达到最佳效果。

另外，在家中为孩子创造适宜的学习环境也很重要。实际上，很多教育专家都强调：如果替孩子营造适宜的学习环境，不仅是小学、初中、高中时期，而且对孩子一生的自主学习都有帮助。仁川恩知小学的郑尹浩老师也说明了学习环境的重要性。

"就读于专门教育高中或民办高中的学生，他们从小就养成在自家书房里预习、复习的习惯，一直延续到上大学。但那些即使补习也毫无成效的孩子，他们在家里可能很少读书，也从没整理过自己的书房或书桌，这样的情况有很多。所以父母扮演的角色很重要，应该帮助孩子打造可以提升专注力的环境。"

请大家看一下孩子的学习环境吧！这个环境对孩子的学

习有帮助吗？孩子学习的房间是否整理得舒适安心？请大家确认一下吧！以下是青少年心理咨询师朴民根整理的"学习环境检查表"，请你在对应的项目上勾选〇或 ×。

学习环境检查表

请在对应的项目上勾选〇或 ×。

	〇	×
1.书房和书桌上整理得很干净。	〇	×
2.很少出现因为玩游戏或看电视而不学习的情况。	〇	×
3.不会因为玩手机或看电视而耽误学习。	〇	×
4.家里有可以安静自习的空间。	〇	×
5.孩子跟你经常谈心。	〇	×
6.家里的活动不会对孩子的学习造成影响。	〇	×
7.学习所需的文具或书本总是在孩子身旁。	〇	×
8.几乎没有让孩子分心的噪音。	〇	×
9.家里除了书房之外，还有其他适合学习的房间。	〇	×
10.全家人都有意愿支持孩子学习。	〇	×

结果

画〇 7 个以上，说明你为孩子创造了良好的学习环境；否则，孩子可能感到家里的学习环境不舒适，你有必要帮助孩子改善。

你做完测验了吗？结果怎么样呢？要是在学习环境测试中勾选了少于 6 个〇，你就有必要改变家庭环境，那应该怎么改变才好呢？

要想改变学习环境，首先要了解孩子的性格，观察孩子在什么环境中感到最舒适。有的孩子喜欢咖啡厅那样有氛围的环境；有的孩子的书桌如果背对着门，他总感觉有人会进房间，因此很难集中精神学习。

在改变孩子的学习环境之前，你要先知道几点注意事项，比如按照学习环境专家林瀚圭的建议，书桌应尽可能放置于远离窗户的位置，如果孩子还处于上小学的阶段，桌面上最好不要有玻璃板。请你详细阅读以下注意事项。

TIPS：建议父母这样改变孩子的学习环境！

适合小学生的学习环境

- 桌面上最好不要有玻璃板

  很多时候，桌面上放玻璃板，是为了在它的下面放一张英语字母表、九九乘法表等，但这些东西会分散孩子的注意力。你最好把这些学习表贴在墙上，并且定期更换。

- 配合孩子的成长，调节书桌与椅子的高度

  小学高年级的孩子长得很快，你应该配合他的成长速度，为他准备可调节高度的书桌与椅子。

- 可旋转座椅很容易成为孩子的玩具

　　为了纠正孩子的姿势，很多父母会给孩子购买具备护颈功能和带有支撑手臂把手的旋转座椅。在我看来，其实没必要给孩子购买昂贵的旋转座椅，虽然这种座椅的滚轮便于移动，但会分散孩子的注意力。站在孩子的角度来看，它很容易成为玩具。请你为孩子购买固定式座椅。

- 为孩子整理书本

　　有很多家庭，将孩子从幼儿时期到小学低年级读过的书，甚至孩子高年级时读过的书，都还摆放着。请果断地处理掉不看的书吧！因为真正应该看的书有可能会被那些不看的书挡住。

适合所有学生的学习环境

- 不要将书桌置于背对房门的位置

　　背对着房门放置书桌时，孩子总感觉有人会突然打开门进来，他会产生不安，影响注意力。

- 最好把书桌放在远离窗户的位置

　　如果学习时离窗户很近，会听到各种声音，还容易受到窗边温度的影响。在春天和夏天会因阳光照射而打瞌睡，在秋天和冬天又会因风吹而感觉到冷，这些都会影响注意力。

- 请选择简约书桌

市面上有很多昂贵的功能性书桌，但是不一定适合孩子。书桌只要能放置书本就足够了。有宽敞的桌面、几个抽屉，这样的书桌既价格低廉，又有助于提升孩子的专注力。

- 不舒适的环境有时会更好

有些孩子的学习房间会放置松软的坐垫、抱枕和高级的空气净化器等物品，为了舒适，各种物品一应俱全，不过这种房间反而会妨碍学习。有时候，不舒适的环境使人感受到的压力反而会提升注意力，因此不要一味地追求太过舒适的环境。

2. 利用周末一起和孩子去寻找梦想

现在的孩子最大的问题是没有梦想，因为没有梦想，当然也没有目标，也就找不到学习的意义与价值。你可以利用放学或周末时间，陪同他一起寻找梦想或目标，或是关于未来的学习方向，不过在各种体验、志愿活动中，你要懂得分辨哪些是有意义的活动，要鼓励孩子参加真正有意义的活动。

3. 没有赋予动机的提前学习，会降低孩子的积极性

大多数父母认为，假期是提前学习的机会，所以他们会替孩子制订补习班计划。但是每年这么努力地让孩子提前学习，为什么孩子的成绩总是原地踏步呢？因为孩子是在缺乏学习动机的情况下被勉强学习。这样没有赋予动机的提前学习，反而会降低孩子的学习积极性。

学习好的秘诀不在于提前学习的时间，而在于激发孩子的学习动机。要给予孩子休息的时间，试着训练他制订计划并达成。计划制订得越详细越好，不会制订计划的孩子，可能会浪费很多时间。你可以在孩子旁边指导，让他的每个计划顺利衔接上；按照不同学科的成绩，帮助孩子建立不同的目标。

> **Point!**
>
> 　　过度强迫孩子学习，只会让孩子厌倦学习。首先要提高孩子的学习积极性，然后为孩子营造适合他的学习环境，并且协助他制订学习计划吧！

第 4 章

引导实战篇

唤醒内驱力，让孩子爱上学习

> 青春期的孩子十分敏感，常常听不进去父母说的话。养育厌烦学习且敏感的孩子，父母最需要做的不是强迫孩子学习，而是帮助他养成学习习惯，这才是智慧而迂回的教育方法。在本章，我们会讲到父母如何说话才能激发孩子的内驱力。

> 解决 1

与其强迫孩子学习，
不如帮助孩子养成学习习惯

孩子常常听不进去父母说的话

现在的父母自称是孩子的"经纪人"，他们研究大学入学考试制度，迅速收集补习班信息，努力为孩子创造最棒的学习环境，但是他们反复地唠叨孩子"去学习"，或者强迫他去上补习班，这种教育方式对孩子不会有太大帮助。

特别是青春期的孩子，十分敏感，常常听不进去父母说的话。父母反复说，孩子更会觉得厌烦。对于厌烦学习且敏感的孩子，你最需要做的不是强迫孩子学习，而是耐心地帮助他养成学习习惯，这才是智慧而迂回的教育方法。

学霸与众不同的学习习惯

理查德·赖特教授对美国哈佛大学 1600 多名学生进行了研究，发现成绩卓越的优等生身上有着共同的学习习惯。

1. 养成脱掉校服前先复习的习惯

第一步是"每天规划好学习量，在固定的时间、固定的地方有规律地实践"。

以"读书之神"而广为人知的读书天才姜声泰，也强调过要养成每天固定学习的习惯。现在小学、初中、高中的作业并不要求高层次的思考方式，只要掌握了基础内容，就能答对考试题目，所以每天复习课堂上学过的知识，就会得到不错的成绩。

父母在孩子放学回家脱掉校服之前，哪怕一天只有 15 分钟，也要让他先复习当天学到的知识。一开始孩子会感到生疏且不习惯，但两三周之后就会适应，如果能持续 10 周，便会养成自主复习的习惯。

2. 建立远期目标之前，先确定近期目标

就像前面强调的那样，采用假设法是无法让孩子付诸行动的，为了实现梦想让他用功学习，这只是父母单方面

的想法，比起谈论那些触不可及的未来目标，和孩子一起讨论他想要上的高中或大学，会有更好的效果。如果你为孩子设定一个触手可及的目标，这将更有助于赋予孩子学习动机。

帮助孩子建立具体的目标，尤其是初中，因为这个阶段的孩子最需要的就是目标认知。成为高中生后，无论是喜欢或厌烦学习，都会设定考取哪所大学的目标，但是觉得还有充分学习时间的小学生，就有可能没有清晰的目标认知。

比如，对于高中生来说，每天要学的知识很多，如果没有清晰的目标，可能会出现学习效率低下的情况。近期目标可以是如何提高弱势学科的成绩，中期目标可以是如何进入重点班，远期目标可以是如何考上理想的大学。

3. 不要选择高难度的学习，让孩子丧失信心

要是游戏太难，孩子就无法沉浸在有趣的游戏世界，学习更是如此。

有些父母想要提高孩子的英语水平，让孩子阅读晦涩难懂的英语杂志，或是让孩子做全校第一名才会做的题目。

这样真能使孩子的实力迅速提升吗？绝对不会的。如

果难度太高，孩子反而会失去学习的乐趣，还有可能失去自信；反之，要是难度太低，会降低孩子的成就感。稍微高于孩子水平的难度更适合他，帮助孩子设定适当的难易度，让他集中精力学习，找到成就感，这是至关重要的。

"认准方向，坚持不懈，试着突破你的极限吧！"

"妈，我能做到吗？"

"我好像已经来不及了……"

如果孩子陷入学习低谷，你会怎么做呢？你会盲目地说"你能办得到"给予他自信吗？或者说"不做也可以"，让孩子选择放弃吗？或者是替孩子找好的家教或补习班？

请你告诉孩子这句话："认准方向，坚持不懈，试着突破你的极限吧！"

从现在开始，为了让孩子养成自主学习的习惯，试着逐一实践上述方法吧！父母这样鼓励孩子，孩子一定会发生很大的变化。

> **Point!**
>
> ● **学霸与众不同的学习习惯**
>
> 1. 养成脱掉校服前先复习的习惯。
>
> 2. 建立远期目标之前,先确定近期目标。
>
> 3. 不要选择高难度的学习,让孩子丧失信心。

> 解决 2

让孩子沉浸于学习的 7 句 "魔法语言"

父母说对话，能够提高孩子的学习自主性

如何把孩子培养成不仅能取得好成绩，而且会自主学习、享受学习的人呢？帮助孩子学习的最容易且简单的方法就是：在恰当时机，父母说对话。有时父母说的话会如同魔法般打动孩子的心，并向孩子传递智慧。我们来了解一下让孩子爱上学习的 7 句 "魔法语言"。

第 1 句，培养孩子自主性的话

在强求孩子做某种行为前，先询问孩子的想法和意见，孩子就会形成自我意识，认为自己可以成为自主学习的人。

"你今天做作业需要多长时间？"（×）

⬇

"今天的作业有哪些不懂的吗？"（✓）

第2句，助力孩子巩固知识的话

孩子放学回家后，与其问他今天学了什么知识、记住了什么知识，倒不如成为倾听孩子的对象。孩子通过向你讲述，便能自行整理学过的内容，这样就能再次将上课的内容深深烙印在脑海中。

"今天学了什么知识？"（×）

⬇

"把今天学到的知识教给我，好吗？"（✓）

第3句，鼓励孩子提问的话

不要强求孩子时刻认真听老师讲课，而是鼓励他有不懂的地方就毫不犹豫地提问。学习过程中最糟糕的是，明明有不懂的问题，却忽略这些问题。让孩子自行察觉到提问是好的，培养他养成提问的习惯。

"老师讲的内容你都理解了吗？"（×）

⬇

"老师的讲解中你有疑问的地方，一定要提问。"（✓）

第 4 句，引导孩子主动表达的话

比起询问具体的问题，让孩子自行辨别重要与否，用逻辑进行说明的"开放式问题"会比较好。开放式问题可以让孩子畅所欲言，说各种各样的事情，这样更能跟你顺畅沟通。你应该给予孩子主动表达的机会，而不是被动回答的机会。

> "你复习完今天物理课学的内容了吗？"（×）

⬇

> "你今天学到了什么？"（√）

第 5 句，打开孩子心扉的话

当孩子学习备感困难和吃力时，你如果斥责他，会让孩子认为你不是可以商量的对象。如果经常发生这种事情，孩子还会认为，不仅是在学习中，而且在人生中遇到困难的时候也一样，你不是能帮助他的人。

> "这段时间你怎么不说话？"（×）

⬇

> "原来你这么难受啊！谢谢你和我商量。"（√）

第 6 句，帮助孩子从过去失败的经历中走出的话

跟孩子交谈时，你会不自觉地提起孩子过去失败的经

历，一直唠叨或是责骂孩子，这让孩子感到非常沮丧和厌烦。"你每次都这样，我再也不跟你讲了！"说完便转身离去。对于孩子过去学习失败的经历，请通过积极的提问，重新激发他的学习动机吧！

> "你之前就在这个问题中犯错，这次怎么还犯错？"（×）

⬇

> "你能告诉我，在这件事情上学到什么以及感受到什么了吗？"（√）

第 7 句，让孩子放松的话

在往返学校与补习班的忙碌生活中，疲惫不堪的孩子最需要安抚。如果你对孩子的疲惫感同身受，不仅能让孩子的内心平静下来，而且你也会感到如释重负。

> "很累吧？辛苦你了。"

> 解决 3

增强孩子的自尊心，让孩子充满自信

即使是不爱学习的孩子，也会沉迷于某件事物

不管是喜欢学习的孩子，还是讨厌学习的孩子，或是对学习没兴趣的孩子，都会沉迷于某件事物，有可能是美食，也可能是旅行。拿我来说，我非常喜欢看足球比赛。

如果把孩子沉迷于某件事物所做的行为，用来引导学习该有多好呢？这是有办法的。生活中，沉迷于游戏的孩子可能更多，我就用游戏来举例说明。

很多人都认为学习难，玩游戏简单，但其实不是这样

的。玩游戏真的那么简单吗？要想玩好游戏，需要学习很多东西。当你在网络上搜索热门游戏攻略时，你会产生"这是有效的游戏攻略吗"这样的疑问。

为什么孩子愿意不断挑战这么难的游戏呢？孩子投入到游戏中的最大原因是"玩游戏与找到自尊心相关"，其他孩子认为非常有趣的事情也是一样：做这件事＝找到自尊心。

做这件事与找到自尊心相关，如果不将这两者视为一体，就不会产生强大的行动力。

现实中，喜欢玩游戏、疯狂地迷上游戏的职业玩家，因为无法承受接踵而来的激烈训练，所以出现"再也不玩游戏了"的情况不计其数。对于每天要坚持18个小时以上训练的职业玩家来说，他们早已过了对游戏"感兴趣"的阶段，自尊心与该事物的一体性正是他们坚持下去的力量，也是他们坚持下去的动力。

与承受不住重度训练的选手相比，每天默默地完成10多个小时训练的选手，他们更强的地方是什么？正是"玩游戏与找到自尊心相关"。因为内心无法忍受失败，才会产生强大的毅力。

把孩子的自尊心与学习联系起来

如何才能把孩子的自尊心与学习联系起来呢？虽然孩子装作毫不在意，但其实每个人都想赢过别人，想表现得比别人更优秀。利用孩子想要获胜的心，激发孩子的学习动力。

自尊心跟某种行为是联系在一起的。巴西国家队前主教练邓加（全名为卡洛斯·卡埃塔诺·布勒多恩·韦里，昵称邓加）曾说："唯有赢过他人的人，才能再次赢得比赛。"

他曾是巴西国家足球队的领袖，在世界足球运动领域位于巅峰位置。他研究足球非常透彻，他说："如果长时间参加比赛或训练，会面临难以承受的危机状况、辛苦的付出、难熬的时刻等。这些实在是太难以忍受了，只凭借意志力去克服是很困难的，所以很容易放弃。"

让选手坚持下去的就是"获胜的记忆"：相信只有熬过痛苦，才会战胜困难，赢得胜利。获胜的记忆正是人们承受困难的行动力，它跟自尊心有直接关系。请赋予孩子战胜困难的力量，交给孩子能完成的任务。即使孩子会失败，也不要轻易降低任务的难度。为了让孩子完成任务，一定要多鼓励他。当孩子完成任务时，你可以这样称赞他：

"这是别人办不到的事，而你做得真棒。"

"对其他孩子来说,一天背100个英语单词不是件容易的事,而你却办到了,你做得真好。"

"你之后也能做到这种程度,因为你已经掌握了方法。"

在11秒内跑完100米不是件容易的事,但是在20秒内跑完却很容易。自尊心强的人,并不会满足于在20秒内跑完,他们总是在不断地超越自己。

人们总是在不断的挑战中超越自我。耐心地帮助孩子寻找挑战困难的机会吧!孩子总有一天会达成目标,获得达到目标的快感。同样的,孩子能够感受到学习可以增强自己的自尊心。这一天一定会到来。

> **Point!**
>
> 1. 即使是不爱学习的孩子,也会沉迷于某件事物。他最缺乏的,正是自尊心。
>
> 2. 让我们试着把孩子的自尊心与学习联系起来吧!

> 解决
> 4

多称赞孩子的学习过程，而不是结果

强调学习的义务性只会适得其反

请你试着思考一下，喝酒的人不知道酒对身体不好吗？暴饮暴食的人不知道少食对身体好吗？我们应该清楚这一点，孩子不是不知道学习的好处，但父母总是提到学习有哪些好处，反复地唠叨，就会让孩子产生消极的自我认知。

"我知道要用功学习，但我就是不想读书，我难道是懒惰、没有积极性的人吗？"

父母采用错误的激励方式，会抹杀孩子的自我与未来发展的可能性。

多说深入孩子内心的话，才能赋予其学习动机

那么，父母该怎么说才好呢？实现所有目标的基本沟通方法，是说"能够深入孩子内心的话"。

例如，不要说这种模糊不清的话："你这样子以后能干什么？为什么没考好？"应该说："我们一起找分数下降的原因，争取下次比其他同学考得好。"

这样说可能会让孩子感到压力，但就效果而言，这样说会更好。总之，重要的是说能够深入孩子内心的话。虽然和别人比较通常不是好方法，但有时比较也能有效地赋予孩子学习动机。

关注学习过程，多称赞、肯定孩子的点滴进步

如果只看重结果，会使深陷学习低谷的孩子崩溃。只有关注孩子的学习过程，让孩子能够进行正面的自我认识，才能使孩子即便陷入低谷，也可以立即克服困难，并且创

造不断努力的动机。

学习积极性就好像瀑布的水，如果被堤坝阻隔会逐渐干涸，但是一旦堤坝决口，便会出现溃堤的现象。一个被称为"排斥"的堤坝，挡住了学习积极性的瀑布。只有不断增加瀑布的水量，也就是进行发展性的自我认识，水流才会冲破这道堤坝，急速地流淌出去。

学习积极性高的孩子，能够找到自主学习的动力，满怀热情地坐在书桌前学习。

我希望每位父母都能成为有远见的人。孩子的进步和成功是一个积累的过程，需要父母的耐心等待和培养。每位父母都应该看到孩子在努力过程中付出的艰辛，多称赞、肯定孩子的点滴进步。

Point!

"这段时间，我看到你一直都在努力学习，你做得很好！"像这样称赞孩子学习的过程吧！

第 5 章

考试实战篇

培养孩子的应试技巧，成就不凡的人生

父母掌握说话技巧，有助于孩子养成学习习惯，学会判断问题。

我们将在第5章介绍一些非常典型的实战要领，希望帮助孩子更专注地学习，提升孩子在考场上解题的能力。

> 对策 1

根据孩子的本能，调整教育方法

"再用功一点儿"，这样说会让孩子感到挫败

父母长时间忍住了唠叨，但看着孩子还沉迷于游戏，该怎么管教他呢？在这种情况下，千万不要对孩子说"你没出息"这种话，即使一句也不行，要是这么做，孩子会陷入恶性循环。

> 沉迷于游戏是没出息的行为。

⬇

> 我做了令人寒心的事。

⬇

> 我是没出息的孩子。

如果反复发生（大多数的孩子会重复去做），将会形成糟糕的自我意识。

> 我的行为不受到他人的认可。

⬇

> 最终，我会适应做出令人寒心行为的自己。

让我们来看看"再用功一点儿"这句话的含义吧！仔细思考这句话，其中有"你现在并没有努力学习"的意思。

日本著名作家中谷彰宏曾经在他的著作中劝导大家，别对孩子说"加油，再努力一下"，因为这句话可能让孩子感到"我现在没有努力"。

"我现在已经竭尽全力了，你还要我多加把劲儿……"

如果对这样想的孩子说"加油"，他们会因为自己的努力没能获得他人认同而感到失望，反而会减少做事的动力。中谷彰宏也指出了这一点。

在这个世界上，有跟懒惰"绝缘"的人，也必然存在着连读1小时书都困难的人。对父母来说，如果孩子不学习，他们就会看起来很懒惰，但并非如此。

"再加把劲儿，再努力一下！"这句话暗含的意思是：

"啊,原来我是不努力的坏小孩!"

"我做什么都没用,得不到你们的认可。"

如果父母灌输给孩子这种自我意识,就会导致意料之外的坏结果。实际上,我们也许没能看到另一面:孩子并不是不努力,只是父母对他们的努力视而不见,这才是真正地伤害了孩子。优秀的父母会帮助孩子养成健康的身心、塑造健全的人格,让他们在未来成为更好的人。

孩子爱玩是天性,父母如何正确引导?

"孩子不努力学习,只喜欢玩游戏。那么,你的意思是即使看着他沉迷于游戏世界,也放任不管吗?"

我所说的是,在不了解情况的时候,盲目地责备孩子,会产生副作用。孩子的行为有问题,父母当然要指出来,要是完全不管他,他只会成长为"野兽"。指出孩子的不当行为是很有必要的。

你应该尝试过减肥。长大成人后,为了拥有健康的身体、更棒的身材,很多人会尝试减肥,尽管已经下定决心要减肥,但还是有可能忍不住品尝美味的食物,不管是正阅读本书的你们还是我都是一样的。我们都是普通人,我们必须接受这个事实，若是让大人立即减少食量，想必不容易。同样的道理，强求孩子们，对他们说"为了快速提高成绩，你再也不能玩游戏了"，这样做是对的吗？

最佳方法是将动物本能与自我意识区分开，如果孩子持续做出错误的行为，你首先要做的是切断他的行为与自我意识之间的联结，然后和孩子谈谈学习的目的。这样不但不会触犯孩子的自尊心，不会把负面情绪放在自我意识上，还能纠正孩子的行为。

方法① 接纳孩子"想玩乐"的内心，不责骂孩子

首先，你要告诉孩子，每个人都可能有"想玩乐"的内心，让孩子感到自己不是问题孩子。

纵使是学霸，也会有暂时性的叛逆行为，"不叛逆""不玩乐"的人，不存在于这个世界上。我们总想着，不管怎么样都要阻止孩子的叛逆，其实这从最开始就是不可能实现的事，而且会给孩子带来压迫感，最终让他变得更叛逆。

毕业于首尔大学牙科专业的一位歌手兼演员，他上节目时说过："我也逃过晚自习课。"你在上学时是否有叛逆的经历？我们要知道，虽然在程度上有差异，但每个人都有叛逆的阶段，即使是读首尔大学牙科专业的超级精英也会叛

逆。因此,重要的不是孩子会不会叛逆,而是叛逆之后会用多长时间回到正轨,并且会不会减少叛逆的行为。

当孩子做了某件错事,你说:"喂,你这个孩子真笨。"

这些话会伤害孩子的自尊心。有句话叫"对事不对人",如果把这句话放在教育上,便会得出以下结论:

可以指出孩子错误的行为,但不要责骂孩子。

可以责备孩子错误的行为,但不要侮辱孩子的人格。

实际上,教育就是尊重孩子的自我意识,引导他朝着最正确方向发展的过程。

方法②　使孩子意识到"感觉"有时是"错觉"

如果你长期指责孩子的行为,就很容易冒犯到孩子的自我认同感。你应采用提醒的话语,这很重要。

> 无论是谁都可能做出错误的行为。

⬇

> 即使你做出错误的行为,
> 也并不表示你是失败的人。

> 玩游戏只会带来瞬间的乐趣，玩乐不是你的本性。

> 尽管游戏可以帮助你放松身心，
> 但你也要管理好自己的时间，游戏和学习两不误。

上面的话语很重要。饮食失调的人、沉迷于游戏的人、无法控制玩乐的人，他们的内心深处这些才是"自己本性的一部分"，所以他们才无法抵抗这些诱惑。由于认为这些诱惑是"人的本能、天性"，以致无法抗拒反而要把它正当化。你必须让孩子停止这种错误思考，尝试利用如下方法吧！

"这绝对不是你本性的一部分，这只是短暂的错觉。"

"沉迷于玩乐，这才是背叛你的天性。"

感觉有时候是错觉。我曾经在电视节目上看到，被催眠的人误认为大蒜是巧克力，吃得津津有味。孩子在网吧里玩游戏，即使他露出非常开心的表情，也不能完全相信孩子是真的快乐，这只不过是他暂时陷入感官催眠而已。

我们觉得很美味的烤鱿鱼，大多数西方人却觉得它难以下咽。但是小时候被领养的西方孩子，却非常喜欢吃烤鱿鱼。归根结底,感觉是学习的副产品。

"感觉不是我的天性。"

"感觉是错觉,或者说是反复学习的产物。"

一旦我们把感觉误认为本能、天性,就很难带来真正的快乐。只有解开这个误会,才能引领孩子走向真正的自由和快乐,这才是培养出优秀孩子的王道。

Point!

游戏带来的瞬间乐趣,来自本能的错觉,并非真正的快乐。

对策 2

了解孩子厌学的心理原因及对策

找出孩子不学习的心理原因

当孩子不学习的时候,父母经常会说:"唉!你怎么不学习?我好难过。"父母只是这样说,却没想过要找出孩子不学习的心理原因。我们常见到这种令人苦恼的情况。意志力并不是只有在想做某件事时才能发挥出来,在不做某件事时,同样也会表现出不想做那件事的意志。孩子不学习的理由用一句话概括就是:学习很麻烦,做不到只好放弃。

通常,"不喜欢"更深层的本质就是"不想做,不想承认自己不行"。

其实，当孩子感到自己不行时更可怕。如果感觉自己不被需要，只要形成自我意识就行，但是在抗拒的状态下，是难以找到答案的。比起表面上的成果，人们更执着于维护自我认同感。与其努力学习，看到自己的自尊心被打破，倒不如放弃学习，选择抗拒学习的那条路。

从那时起，孩子便会表现出强烈的意志不去做，然后产生抗拒的心理，使抗拒在自我认同中根深蒂固。

运用学习中的"相反价值"，促进孩子的成绩进步

我 10 多岁的时候在外国语高中读书，因为英语成绩差而受到差别待遇，在心里形成了对立的价值观。只要想到学习英语，我就会烦躁不已，所以成绩自然不好，但是我的语文、社会、历史等学科成绩非常不错。直到要考大学时，英语和数学成绩还是毫无起色，而语文成绩总是名列前茅。

虽然我既不擅长英语，又不擅长数学，不过我凭借着优秀的语文成绩，还是考入了一所名牌大学。不知道是不是因为运气好，我考大学的 2000 年，唯独语文科目的考题

很难，而英语和数学科目的考题很简单，这对我来说再幸运不过了。

万一那年语文考题简单，而英语、数学考题很难，会怎么样呢？我一定会考砸的。一言以蔽之，运气不是实力，运气终究只是运气。当然，运气不代表全部的结果，但实力也不能代表全部的结果，这两者结合在一起，就会影响结果。所以只强调某一方面的人，他们的观点是不客观的。

提到"相反价值"，它的概念是：当你因为做某事而被忽视或受到伤害时，你不是想要把那件事做好，而是想直接放弃做那件事，研究跟那件事相反的其他领域。大部分不爱学习的孩子，不是因为他们懒惰，而是这种"相反价值"让他们放弃学习。

像这样在其他学科上制造"相反价值"（例如，既然你讨厌学英语，那就多学学语文等），至少可以看到总成绩有进步，但要是孩子在学习以外的其他方面制造"相反价值"，很可能会令你大发雷霆。

调整观念，孩子便会主动学习

主动学习的第一个原理是在学习那一刻，能够进行积极的自我肯定；第二个原理是调整学习观念，你可以帮助孩子来重新调整。为便于理解，我用下列简单易懂的方式把它们呈现出来。

> **TIPS：主动学习的原理**
>
> - 在学习时让孩子进行积极的自我肯定
>
>   → "比起玩游戏，你读书的样子更帅气。"让孩子意识到这一点。
>
> - 帮助孩子调整学习观念
>
>   → "不一定要学习非常好，你只要毫无负担地享受学习就行。"这样会为孩子减轻学习压力。

假设有两个关系不融洽的孩子，我会尽我所能地让他们变得亲近，但问题是他们的关系非常不好，我该怎么处理呢？

比如盲目地把他们带到同一场所，并且强求他们说："你们亲近点儿吧！"这样做是毫无效果的。

请你换位思考吧！如果强迫你跟不喜欢的上司一起长期出差，你们的关系有可能会变好吗？恐怕只会增加反感和压力吧？

帮助孩子调整学习观念主要有两个目的：

第一，孩子至今仍不确定是否找到学习的兴趣，也就是没有养成学习习惯，那么你可以培养孩子的学习习惯。

第二，孩子对学习的排斥感早已盘踞于心中，你可以鼓励孩子，"其实你的成绩并没有那么糟糕"，告诉孩子这个事实。

如果孩子已经对学习形成了负面认知，父母该怎么做呢？需要以下三个步骤。

> 准确查明孩子厌倦学习的是哪个方面。

⬇

> 让孩子意识到，他厌倦的那个方面其实并没有那么糟糕。

⬇

> 告诉孩子，他误解学习目的了，帮助他体会学习的乐趣。

对于已经厌倦学习的孩子，尝试以上三个步骤是有必要的。

> **Point!**
>
> 1. 孩子不学习是因为心理原因。
> 2. 调整观念,孩子便会主动学习。

对策
3

学习的尽头是解题，可现学现用的解题法

有解题能力才是成绩好的关键

就算你支付高昂的补习费用让孩子学习，孩子也没能考出 B 以上的成绩；而有的孩子看起来学习并不那么辛苦，却能轻松取得 A 的成绩。通过比较，你会发现他们的差异在于解题能力，也就是能否用多种方法解决问题的能力。

普通学生只能用非常单一的方法解决问题，而学霸能用 10 种、20 种以上的方法解决问题，这个便是解题能力的核心。有解题能力才是成绩好的关键。如果孩子仅用补

习班老师传授的表面且机械化的要领，解题能力就是有限的。那么，究竟如何培养解题能力呢？

针对某一事例，向孩子提出各种问题

培养孩子的解题能力是非常简单的。对于某一事例，既可以这样说明，又可以那样说明，尝试引导孩子就行了。你可以学习苏格拉底通过对话引导学生的方法，假设这里有一朵花，然后试着询问孩子。

妈妈："这朵花怎么样？"

孩子可能会回答"它很漂亮、很香"之类的答案，那么，再引导孩子试着做附加说明。

妈妈："它很漂亮吗？它哪里漂亮呢？"

这就是对于某一事例进行附加说明，也就是要求孩子补充说明。

当孩子尝试对某一事例进行各种说明时，引导他描述具体的感觉。

妈妈："这朵花除了很漂亮，还有没有其他特点？"

某一事例可以这样观察，也可以那样观察；既可以这样说明，也可以那样说明。你在跟孩子玩的时候，进行这种对话没有任何困难。我们有必要了解为什么最棒的教育家苏格拉底用著名的问答法来教导他的学生。

所谓提问的本质，换句话说，就是找出答案。考题不就是要我们针对问题找出答案吗？经常向孩子提问吧！此处的提问是指针对某一事例，请你耐心地询问孩子的各种看法。

锻炼孩子的应变能力至关重要

只要浏览历年高考题目就会知道这个练习有多么重要。针对某一个知识点，可以有多种灵活的考题方式。孩子的应变能力，在某种程度上将决定他能考上哪所大学，这将给孩子带来决定性的影响。

我们可以看一下韩国高考语文题目。一般高考语文题目的类型有语法、文学常识、阅读等，但这只是形式上的分类。实际上，高考语文题目的类型是："这句话跟那句话表达的一样吗？不一样吗？"很多重难点的考题都是这种类型的。

韩国2015年的高考语文题目总共有45道客观题，只有 5 道题目不属于这种类型。事实上，高考语文题目不是按照题目类型那样分成 5 类，而是只有一种类型加上其他的零碎类型。

那么这种类型的本质是什么？它的结构太简单了，先给一篇文章，然后再给出下面的问题和 5 个选项。

> 以下选项哪一句符合文章内容？不符合的是哪一句？

如果你掌握了 5 个选项跟文章内容的关系，便能找出正确答案。由于问题不能一直用相同的话叙述，因此叙述方法会有不同，但实际上问题的类型只有一种。

比如我上文提及的"花"的例子，所给 5 个选项是关于花的各种各样的说明，你要挑选出这 5 个选项中哪个是不恰当的表达、哪个是恰当的表达，就能答对题目。

在我的高中时期，语文被归到语言领域，有很多学霸没有深入学习语文，就能轻易取得优异的成绩。别人即使做几十本习题集也考不到的成绩，他们却能轻易取得。其实差异只在于一点，那就是有没有针对某一事例做各种说明、表达的能力。这同样可以应用到英语题目上，区别只是文章是用韩语还是用英语叙述而已。

不要用固定的思想观念限制孩子的发展

为了具备这种能力,在使用解题法的时候,还需要注意一点。

> 妈妈:"这朵花怎么样?"
>
> 孩子:"它很漂亮。"
>
> 妈妈:"很漂亮吗?它哪里漂亮?"
>
> 孩子:"花开得很好看。"
>
> 妈妈:"好看吗?好看跟漂亮是不一样的啊!"

如同上述最后一句话,妈妈绝对不能这样回答,这句话意指,不要执着于传授知识的目的,不要把孩子的观念局限起来。好看跟漂亮是完全不一样的吗?它们之间是有关联的。

事实上,高考中可能会出现这种类型的题目,比如:应该怎么判断"漂亮"与"帅气"的联系?没有将这两个词联系起来的学生,再遇上较难的字词叙述,就会选择错误的答案,最终获得低分。

因此,父母不要用固定的思想观念去限制孩子,应该尽可能地和孩子进行良好的沟通和倾听。然后再将自己的想法和孩子讨论，同时根据孩子的特点和性格给予恰当的引导。

> **Point!**
>
> 1. 针对某一事例，向孩子提出各种问题。
>
> 2. 培养孩子能够从很多方面解释的能力，这与解题能力相关。

对策 4

快速找到正确答案，排除错误答案

解题是一种推理游戏

孩子不会做题的原因有两个：第一个是根本找不到答案，第二个是无法快速找到答案。

在这里，我针对第二个原因进行说明，这也是父母感到困惑的原因。当孩子无法快速找到答案时，父母就很容易觉得孩子是头脑笨，但其实孩子只是没有接受过快速解题的训练。

有一个简单方法，能够帮助孩子快速找到答案，那就是解题时不要灌输给他学习的意识，而是像这样告诉他：

"解题是一种'抓犯人'的推理游戏。"

你应该一头雾水吧？究竟我想表达什么？这只是为了让孩子对学习感兴趣的比喻吗？虽然也有这种效果，但它不是关键所在。其实，用这种方法解答题目，才能提升正确回答的技巧。"解题就跟'抓犯人'的推理游戏一样。"请你这样说明，消除孩子解题的恐惧吧！

运用福尔摩斯的技巧解题

大学入学之前所接触到的题目，大部分都是这种类型：列出 5 个选项，在它们之中找出不符合文章内容的那一项。这时可以把它比喻成推理游戏。

选项是针对文章内容进行表述的 5 名"嫌犯"，要我们找出跟文章内容无关的 1 名"嫌犯"，只有从这个观点解题，才能快速找出正确答案。

当你找到"嫌犯"时，你最需要的是什么？就是证据吧？这个适用于各种科目。但你没必要完美地分析整篇文章，那么首先该做什么呢？你应该挑选出 5 个选项中的正确答案，然后找出挑选它所需的证据即可。就算你很会分析文章，如果没能辨识出证据，也会答错。

TIP ①在解题之前,先让孩子练习找"证据"吧!

不管是语文,还是英语,都可以运用这个观点去学习,选择正确的答案。

TIP ②文章强调说:"正确答案是A。"

➔ 5个选项中,全都强调:"这是正确答案。"

➔ 但是5个选项中,有一个不是正确答案。

请回想一下吧!福尔摩斯在找犯人时是怎么做的?他是怎么看穿说谎的人的?他先找到了证据。因此,无论是哪个科目,找出正确答案跟福尔摩斯的推理思路是相似的。这种方式才能激发孩子的学习兴趣。最重要的是,在享受找到正确答案的乐趣中,孩子不再是勉强努力,而是沉浸式爱上学习。学习的真谛实际上就是学会"找到正确的方法"。

不过,利用找出证据这个方法来解题,需要具备一种根本性的能力,那就是"快速筛选出证据的能力"。为了培养这种能力,有些父母送孩子到类似速读补习班的地方,但是快速阅读并不代表能够快速找到答案。福尔摩斯可以快速得出结论是因为他的思考模式,并不是因为他的速读能力。而且，快速阅读后也可能答错题，因此，重要的不是快速阅读，而是快速找出正确答案。

> **Point!**
>
> 　　1.帮助孩子快速找到答案，那就是解题时不要干扰、催促他。
>
> 　　2.要让孩子意识到，解题就像筛选出"犯人"的推理游戏一样。

> 后记

父母不厌其烦的教导，
成就孩子的不凡人生

"明后天就要考试了，他连书都不看，只会玩手机。"

这是你孩子的表现吗？这时候，你该跟孩子说什么？这显然是孩子应该抓紧学习的时候，但缺乏学习动力的孩子，就算你不停地说教也无济于事。如果这时候放任不管，只会增加你的焦虑，这是教育中很常见的情况。

有时，父母的一句话能给孩子巨大的学习动力，让孩子自觉地坐在书桌前；相反，父母对孩子说的一句负面的话，可能会导致孩子产生逆反心理，进而对学习心生抗拒。那么，要想让孩子对学习感兴趣，应该跟他说些什么呢？

如果父母想要培养孩子的学习习惯，成就孩子的不凡人生，这本书会告诉你们最有效的说话方法。有些人说：

"相信孩子,让每个孩子自由自在地长大。"如果仔细思考这句话的含义,就是世界上所有的孩子都不会叛逆,都能够顺利地长大。

可是,现实世界是怎么样的呢?世界上一定有惹是生非、误入歧途的孩子,难道是因为父母不相信、放任他们才会变成这样的吗?的确,有很多孩子是因为父母不管而自毁前程的。但是不管孩子,不是相信他能自己长大,这只是一种"放任"。

还有些人说:"赋予孩子学习动机吧!"赋予动机很重要,这是尽人皆知的,但问题在于要怎么做。越是特别关心孩子学习的父母,越会在这一点上犯错误。父母本来打算赋予孩子学习的动机,却连孩子仅存的学习热情也磨灭了,这是很容易且经常发生的情况。

父母想要通过对话解决孩子的学习问题,最常用的办法是"逻辑式说明"与"说服"。即使孩子不喜欢,父母也会说服他:"即使你不喜欢,也要做题,这样你才会变聪明。"父母还会说:"如果你经常用电脑,视力会变差,之后想看到的东西也看不到了。"父母这样说是想让孩子感到不安。然而,孩子在认知上尚未成熟,他们依赖父母,才会听话。但是,到了孩子智力成长和追求自主性的时期,这种方式反而会伤害孩子。

不称职的父母，无法培养出"有自主学习能力"的孩子。父母的教育不是干涉或指使，很多情况下，明明说要教导孩子，却总是说错误的话，这样会削弱孩子潜在的学习动力。在这本书里，我详细解释了为什么会出现这种问题，并试着努力告诉父母们，如何对孩子说正确的话，让孩子干劲十足，进而成就他们的不凡人生。

想要学习，却找不到动机的孩子

"你现在只想着玩，之后想做什么？"

"你学习这么不专心，该怎么办才好？"

"这道题怎么会不理解？你仔细想想！"

很多父母对不学习只会玩的孩子说了上述的话，然后转过身，一边叹气，一边这样想着：

"我的孩子，不适合学习吗？"

"是不是他缺乏学习热情？"

"该不会是他的理解力很差吧？"

这里提到的学习热情，究竟指的是什么呢？其实真正的问题不是孩子不学习，而是父母怀疑孩子的能力与可能性，然后盲目地下结论。

有一个事实是养育孩子的父母必须了解的：世界上所有的孩子都想努力，都想获得他人的认可。

每个孩子都有积极向上的生命力，他们都是独立的个体，只是他被某种沉重的负担压住，无法发展自己的能力。父母们总是在不知不觉间把沉重的负担放在孩子的身上。

平凡的孩子，通过父母不厌其烦地教导、鼓励和认可，也会有不凡的人生。

引导孩子努力学习，并不是强迫孩子。父母只有不断地激发孩子的学习动力，才能满足孩子潜藏的真正本能，并且带给他更多的乐趣。请你平心静气地阅读这本书，并且践行书上说的方法吧！当你付诸行动时，你会在不知不觉间改变曾经错误的说话方式。不要让孩子走上岔路，要指引他走正确的人生道路，让孩子的不凡人生顺利起航！

感谢你阅读本书到最后。

崔灿勋